Die GmbH als Trägerin eigener Geschäftsanteile

Europäische Hochschulschriften

Publications Universitaires Européennes
European University Studies

Reihe II

Rechtswissenschaft

Série II Series II
Droit
Law

Bd./Vol. 1078

PETER LANG
Frankfurt am Main · Bern · New York · Paris

Dirk Schultze-Petzold

Die GmbH als Trägerin eigener Geschäftsanteile

PETER LANG
Frankfurt am Main · Bern · New York · Paris

CIP-Titelaufnahme der Deutschen Bibliothek

Schultze-Petzold, Dirk:

Die GmbH als Trägerin eigener Geschäftsanteile / Dirk Schultze-Petzold. - Frankfurt am Main ; Bern ; New York ; Paris : Lang, 1991
(Europäische Hochschulschriften : Reihe 2, Rechtswissenschaft ; Bd. 1078)
Zugl.: Kiel, Univ., Diss., 1990
ISBN 3-631-43588-6

NE: Europäische Hochschulschriften / 02

D 8
ISSN 0531-7312
ISBN 3-631-43588-6

Printed in Germany 1 3 4 5 6 7

Meinen Eltern in Liebe und Dankbarkeit

INHALTSVERZEICHNIS

Seite

Seite

A. EINLEITUNG

Durch die in § 13 GmbHG[1] festgeschriebene eigene Rechtspersönlichkeit der GmbH kann grundsätzlich jede GmbH auch eigene Geschäftsanteile erwerben. Das GmbH-Gesetz macht jedoch aus Gründen der Stammkapitalaufbringung und -erhaltung in § 33 gewisse Einschränkungen. So ist der Erwerb eigener Geschäftsanteile gem. § 33 II erst dann unbegrenzt möglich, wenn die Einlagen auf diese Geschäftsanteile voll eingezahlt sind und der Erwerb aus dem Vermögen geschieht, das über dem Betrag des Stammkapitals hinaus vorhanden ist. Für die Rechtsstellung, die die GmbH aufgrund eines erworbenen Geschäftsanteils erlangt, hat das GmbH-Gesetz jedoch keine Regelung getroffen.
Wie muß man sich nun die Rechtsträgerschaft der GmbH am eigenen Geschäftsanteil vorstellen?
Für die Beantwortung dieser Frage bedarf es zunächst einer klaren Begriffsbestimmung des in § 14 aufgeführten GmbH-Geschäftsanteils.
Der Geschäftsanteil wird hauptsächlich vom Charakter der GmbH als juristischer Person und Kapitalgesellschaft geprägt. Sie ist Trägerin aller Gesellschaftsrechte und des Gesellschaftsvermögens und genießt im Rechtsverkehr die Stellung eines gegenüber ihren Gesellschaftern verselbständigten Rechtssubjekts.[2] Gleichwohl wird der Zweck der Gesellschaft nicht durch sie selbst, sondern vielmehr gem. § 1 durch den oder die hinter ihr stehenden Gesellschafter festgelegt, also fremdbestimmt.
Daraus ergibt sich die Notwendigkeit, daß die Gesellschaf-

---

1) Paragraphen ohne Gesetzesangabe sind solche des GmbH-Gesetzes.

2) Scholz-Emmerich, § 13 Rdnr. 2; Buchwald, GmbH-Rdsch 1962, 25.

ter in irgendeiner Weise auf das Rechtsgebilde der juristischen Person Einfluß nehmen müssen, um die Verfolgung des fremdbestimmten Gesellschaftszwecks zu gewährleisten. Diese Aufgabe erfüllt bei der GmbH der Geschäftsanteil, durch den die Gesellschafter an der juristischen Person GmbH selbst beteiligt sind.[3)]
Der GmbH-Geschäftsanteil ist das zu einer Einheit zusammengefaßte Mitgliedschaftsrecht des Gesellschafters, d.h. er bildet die Gesamtheit der Rechte und Pflichten des einzelnen Gesellschafters gegenüber der Gesellschaft und den Mitgesellschaftern.[4)]
Der Umfang der Beteiligung des Anteilsinhabers richtet sich gem. § 14 nach der übernommenen Stammeinlage. Inhaltlich wird das Mitgliedschaftsrecht überwiegend in Vermö-

---

3) Entsprechend ist die Struktur bei der rein kapitalistisch ausgestalteten Aktiengesellschaft, wo die Aktie das Beteiligungsverhältnis des Aktionärs am Vermögen der Aktiengesellschaft ausdrückt.

4) BGH BB 1972, 11; RGZ 82, 167 (169); 97, 197 (200); OLG Frankfurt MDR 1958, 108; Hachenburg-Schilling, § 14 Rdnr. 4; Scholz-Winter, § 14 Rdnr. 2; Lutter/Hommelhoff, GmbHG, § 14 Rdnr. 1; Klauss/Birle, Die GmbH, Rz. 194, S. 95; einschränkend: Rowedder in Rowedder, GmbHG, § 14 Rdnr. 4.
A.A.: Feine, S. 259, 262 ff, 373, der aus dem Geschäftsanteil einen vermögensrechtlichen Kern als "Geschäftsanteil im engeren Sinn" herauslösen und gesondert behandeln will. Vgl. auch Würdinger, Gesellschaften 2, S. 244, der den Geschäftsanteil als die vermögensrechtliche Seite der Mitgliedschaft, welche mit dem Geschäftsanteil unlösbar verbunden ist, auffaßt. Gegen diese beiden abweichenden Meinungen wendet sich mit überzeugenden Argumenten Paulick, S. 4 m. w. N.

gens- und Verwaltungsrechte eingeteilt.[5]
Die Verwaltungsrechte umfassen hauptsächlich das Stimmrecht gem. § 47, das Recht auf Einberufung und Teilnahme an der Gesellschafterversammlung sowie das Recht auf Ausübung des Geschäftsführeramtes. Weiterhin bestehen ein Auskunfts- und Einsichtsrecht gem. § 51 a, das Recht auf Erhebung der Anfechtungs- und Nichtigkeitsklage und unter den Voraussetzungen des § 61 das Recht auf Erhebung der Auflösungsklage.
Demgegenüber sind Pflichten organschaftlicher Art, insbesondere Verwaltungspflichten, nicht im Gesetz vorgesehen, doch können sich aufgrund der gesellschaftlichen Treuepflicht oder der Satzung individuelle Pflichten ergeben.[6]

Bei den Vermögensrechten handelt es sich um das Recht auf Beteiligung am Reingewinn gem. § 29 sowie auf den Anteil am Liquidationsüberschuß gem. § 72. Ein darüber hinausgehender unmittelbarer Anteil am Gesellschaftsvermögen der GmbH wird dem Gesellschafter durch den Geschäftsanteil nicht gewährt.[7]

---

5) So: Hueck in Baumbach/Hueck, GmbHG, § 14 Rdnr. 12; Hachenburg-Schilling, § 14 Rdnr. 8; Rowedder in Rowedder, GmbHG, § 14 Rdnr. 5; Lutter/Hommelhoff, GmbHG, § 14 Rdnr. 6; vgl. auch Scholz-Winter, § 14 Rdnr. 14, der bei der Mitgliedschaft zwischen einer vermögensrechtlichen und einer personenrechtlichen Seite unterscheidet.

6) Hachenburg-Schilling, aaO; Hueck, in Baumbach/Hueck, GmbHG, aaO; Däubler, S. 6; Schefer, GmbH-Rdsch 1961, 81 (82).

7) Hachenburg-Schilling, § 14 Rdnr. 5; Rowedder in Rowedder, GmbHG, § 14 Rdnr. 1; Buchwald, GmbH-Rdsch 1962, 25 (26); Wolany, S. 76. A. A.: Scholz-Winter, § 14 Rdnr. 3; ausführlich zur älteren Gegenansicht: Schefer, GmbH-Rdsch 1961, 81 f.

Für den einzelnen Gesellschafter bestehen aber auch eine Reihe von vermögensrechtlichen Verpflichtungen, wie beispielsweise die Einlagepflicht gem. §§ 3 I Nr. 4, 19, die Pflicht zur Leistung von Nachschüssen gem. §§ 26 ff., die Differenz- und Ausfallhaftung gem. §§ 9, 24, 31 III sowie die Erfüllung von Nebenpflichten im Sinne des § 3 II.
Diese Aufzählung verdeutlicht, daß der Gesellschafter durch den Geschäftsanteil satzungsgemäß in den Körperschaftsbereich verwoben ist. Einerseits werden ihm Rechte gesichert, die ihm einen anteilmäßigen Einfluß und Nutzen an der juristischen Person GmbH gewährleisten. Andererseits werden ihm Pflichten auferlegt, wodurch das Leben der Körperschaft erst ermöglicht wird. Der GmbH-Geschäftsanteil regelt somit umfassend sowohl das Rechtsverhältnis zwischen Gesellschafter und GmbH als auch die Rechtsbeziehungen der Gesellschafter untereinander.
Jeder Gesellschafter kann seinen Geschäftsanteil nach Maßgabe des § 15 frei veräußern und so seine Mitgliedschaft in der GmbH beenden. Mit der Übertragung des Geschäftsanteils gehen die mit ihm verbundenen mitgliedschaftlichen Rechte und Pflichten auf den Erwerber über.[8)]
Der Erwerber kann dabei jeder beliebige Dritte sein, entweder eine natürliche oder juristische Person, die dann als neuer Gesellschafter in die GmbH eintritt. Insbesondere ist es auch der GmbH selbst möglich, Rechtsträgerin des Geschäftsanteils zu werden.
Die nachfolgende Untersuchung befaßt sich zunächst mit der Frage, welche rechtlichen Auswirkungen ein nach § 33 zulässiger rechtsgeschäftlicher Erwerb eines eigenen Geschäftsanteils auf das durch den Geschäftsanteil verkör-

---

8) Zur Übertragung eines Geschäftsanteils, insbesondere auch zu der Frage, ob einzelne Mitgliedschafsrechte getrennt übertragen werden können, vgl. statt aller: Scholz-Winter, § 15 Rdnr. 6 ff.

perte Mitgliedschaftsverhältnis hat, d. h. ob auch die GmbH aufgrund des eigenen Geschäftsanteils ihr eigenes Mitglied mit allen Rechten und Pflichten aus dem Gesellschaftsverhältnis werden kann.

Daran anschließend wird zu untersuchen sein, inwieweit der GmbH eigene Geschäftsanteile kraft gesetzlichen Erwerbsrechts zukommen können. Im Mittelpunkt stehen hierbei die gesetzlichen Bestimmung der §§ 21 II 1, 27 und 28 im Rahmen des Kaduzierungs- bzw. Nachschußverfahrens.

Schließlich ist noch auf Möglichkeiten des Erwerbes eigener Geschäftsanteile bei einer Einziehung gem. § 34 und beim gesetzlich nicht geregelten Ausschluß bzw. Austritt eines Gesellschafters aus wichtigem Grund einzugehen.

B. DER ERWERB EIGENER GESCHÄFTSANTEILE DURCH DIE GMBH

I. Der rechtsgeschäftliche Erwerb gem. § 33 II GmbHG

Für die GmbH ist ein freihändiger Erwerb eigener Geschäftsanteile häufig von großem Interesse.
So kann mit dem Erwerb eigener Anteile der Mitgliederkreis begrenzt gehalten und das Eindringen unerwünschter Personen in die Gesellschaft verhindert werden.[1] Im Falle des Ausscheidens eines Gesellschafters oder bei der Abtretung eines Geschäftsanteils gem. § 15 regelt deshalb der Gesellschaftsvertrag nicht selten eine Erwerbspflicht oder ein Erwerbsrecht der Gesellschaft.[2] Auf diese Weise kann die Gesellschaft einerseits bei der erneuten Veräußerung ihres Anteils einen ihr genehmen neuen Gesellschafter aussuchen und andererseits den Kaufpreis des Geschäftsanteils selbständig festlegen.[3] Insoweit ist mit dem Erwerb eines eigenen Geschäftsanteils eine Stärkung des Einflusses der Geschäftsführung auf die GmbH verbunden.
Weiterhin kann es für die Gesellschaft interessant sein, zur Vorbereitung einer Einziehung eines Anteils gem. § 34[4] diesen zunächst selbst zu erwerben[5], um so beispielsweise eine rasche Abwicklung der späteren Einziehung sicherzustellen.

---

1) Wegener, GmbH-Rdsch 1952, 116; Winkler, GmbH-Rdsch 1972, 73.

2) Vgl. dazu näher Paulick, S. 41 f.

3) Paulick, S. 21.

4) Vgl. zur Einziehung unten Gliederungspunkt B. III.

5) Buchwald, GmbH-Rdsch 1959, 68 (69); sowie unten Gliederungspunkt B. III. 1. b) dd) bei Fn. 73.

1. Voraussetzungen des Erwerbes eigener Anteile

Im Hinblick auf den zentralen Grundsatz der Beschaffung und Erhaltung des Stammkapitals sind beim rechtsgeschäftlichen Erwerb eigener Anteile das Verbot des § 33 I und die Voraussetzungen in § 33 II 1 zwingend einzuhalten.[6]
In diesem Zusammenhang ist zunächst unter "Erwerb" eines Geschäftsanteils im Rahmen des § 33 II jede entgeltliche oder unentgeltliche Übernahme des Anteils durch die Gesellschaft zu verstehen.[7]
Darunter fällt sowohl der Erwerb kraft Abtretung, aufgrund Kaufes, Tausches, einer Schenkung und Verfügung von Todes wegen (Testament oder Erbvèrtrag), als auch die durch Zuschlag in einer öffentlichen Versteigerung oder durch Ausübung von Erwerbsvorrechten begründete Rechtsträgerschaft der GmbH.
§ 33 I untersagt jedoch den rechtsgeschäftlichen Erwerb eines Geschäftsanteils, auf den die Stammeinlage noch nicht vollständig eingezahlt ist. Folge des Erwerbes eines nicht voll eingezahlten Geschäftsanteils durch die Gesellschaft wäre nämlich, daß sich nunmehr die GmbH selbst den restlichen Einlagebetrag schulden würde, und damit ginge die ausstehende Einlageverpflichtung durch Konfusion unter. Diese Gefährdung der Stammkapitalaufbringung wollte das Gesetz ausschließen.[8]
Einen voll eingezahlten eigenen Geschäftsanteil darf die GmbH gem. § 33 II 1 nur dann erwerben, wenn das Entgelt

---

6) Hachenburg-Hohner, Ergbd., § 33 Rdnr. 22.

7) Scholz-H.P. Westermann, § 33 Rdnr. 9; Hachenburg-Hohner, Ergbd., § 33 Rdnr. 4; Sudhoff, S. 406; Wegener, aaO.

8) BGHZ 15, 391 (392); zu den Rechtsfolgen eines Verstoßes gegen § 33 I: Hachenburg-Hohner, Ergbd., § 33 Rdnr. 13 ff, 18 ff.

aus ungebundenem Gesellschaftsvermögen bezahlt werden kann, d. h. der Gesellschaft muß im Zeitpunkt des Abschlusses des schuldrechtlichen Geschäfts ein über den Betrag des Stammkapitals hinausgehendes überschüssiges Vermögen zur Verfügung stehen.[9)]
Nach der Neufassung des § 33 II 1 durch das Bilanzrichtlinien-Gesetz[10)] wird der GmbH gem. § 272 IV HGB[11)] die Verpflichtung auferlegt, in ihrer nächsten Jahresabschlußbilanz aus freien Mitteln (Gewinn, Gewinnvortrag, frei verfügbare Rücklagen) auf der Passivseite eine Sonderrücklage für den eigenen Anteil zu bilden. Die Höhe der Rücklage bestimmt sich nach dem Betrag, mit welchem der eigene Geschäftsanteil gem. § 266 II Aktivseite B III Nr. 2 HGB bilanziert wird.[12)]
Neben diesen dem Kapitalschutz dienenden gesetzlichen Voraussetzungen kann auch die Satzung weitere Erfordernisse für einen rechtswirksamen Erwerb eigener Geschäftsanteile regeln, wie beispielsweise die Zustimmung der Gesellschafterversammlung.[13)]

---

9) Vgl. dazu Scholz-H.P. Westermann, § 33 Rdnr. 24, 26; Lutter/Hommelhoff, GmbHG, § 33 Rdnr. 3; Hachenburg-Hohner, Ergbd., § 33 Rdnr. 34 f.

10) Gesetz zur Durchführung der Vierten, Siebenten und Achten Richtlinie des Rates der Europäischen Gemeinschaften zur Koordinierung des Gesellschaftsrechts vom 19.12.1985, BGBl I, 2355.

11) Drittes Buch des HGB (§§ 238 - 339) neu eingefügt durch das Bilanzrichtlinien-Gesetz vom 19.12.1985; die §§ 264 - 335 HGB beinhalten die Bilanzierungsgrundsätze für Kapitalgesellschaften.

12) Vgl. Scholz-H.P. Westermann, § 33 Rdnr. 41 f; Lutter/Hommelhoff, GmbHG, § 33 Rdnr. 4; Sudhoff, S. 409; Hösel, DNotZ 1958, 5 (8).

13) Vgl. dazu Scholz-H.P. Westermann, § 33 Rdnr. 27; Hachenburg-Hohner, Ergbd., § 33 Rdnr. 31, 33.

2. Meinungsstand zur Rechtsstellung der GmbH am eigenen Geschäftsanteil

Zu der Frage, ob auch die GmbH die mit dem eigenen Geschäftsanteil verbundenen Vermögens- und Mitverwaltungsrechte ausüben kann, insbesondere welche vermögensrechtlichen Ansprüche und Verpflichtungen aus dem Gesellschaftsverhältnis für die GmbH bestehen, lassen sich im wesentlichen drei Standpunkte ausmachen:

a) Die uneingeschränkte Ausübung der Mitverwaltungs- und Vermögensrechte durch die GmbH

Im älteren Schrifttum findet sich teilweise die Auffassung, daß die GmbH aus dem erworbenen Geschäftsanteil sowohl die reinen Vermögensrechte als auch die Mitverwaltungsrechte wie bisher ihr Mitglied ausüben könne.[14] Die Geltendmachung dieser Rechte wird einmal aus der Annahme gefolgert, daß die Kapitalgesellschaft beim Erwerb ihres eigenen Anteils (Aktie) Rechte gegen sich selbst erwerbe.[15] Zum anderen wird angeführt, daß die GmbH die ihr als juristische Person zustehenden eigenen Rechte und Pflichten nicht nur nach außen hin selbständig wahrnehmen könne, sondern auch im Innenverhältnis gegenüber ihren Gesellschaftern.[16]

---

14) Grothus, GmbH-Rdsch 1958, 17 (19 f); Hachenburg, GmbHG, 5. Aufl., § 33 Anm. 15 f; für eigene Aktien einer AG: Runkel-Langsdorff, S. 17 ff; im Ergebnis ebenso Rehm, S. 469.

15) Runkel-Langsdorff, S. 17, 19, sowie zur Herleitung von Rechten gegen sich selbst bei der AG, S. 4 ff.

16) Grothus, GmbH-Rdsch 1958, 17 (20).

Demzufolge entstünden der Gesellschaft die vermögensrechtlichen Ansprüche auf Dividende und auf Rückzahlung von Nachschüssen. Der auf den eigenen Geschäftsanteil anfallende Geldbetrag fließe zunächst der GmbH selbst zu und müsse als Einnahme der Gesellschaft in der Bilanz erscheinen. So käme er wie jede andere Einnahme der GmbH allen übrigen Gesellschaftern zugute.[17] Weiterhin habe die GmbH auch einen Anspruch auf die Liquidationsquote.[18] Dagegen könne die Gesellschaft vermögensrechtliche Verpflichtungen nicht erfüllen. Sie gingen notwendigerweise durch Konfusion unter.[19] Schließlich stehe der GmbH von den Mitverwaltungsrechten insbesondere auch das Stimmrecht zu, welches durch den Geschäftsführer auszuüben sei.[20]

b) Die isolierte Ausübung der Vermögensrechte durch die GmbH

Demgegenüber verneint ein anderer Teil der Literatur die Möglichkeit der Ausübung der Mitverwaltungsrechte durch die GmbH. Insbesondere das Stimmrecht könne der Gesellschaft aus dem eigenen Geschäftsanteil nicht zugestanden werden.[21]

---

17) Hachenburg, GmbHG, 5. Aufl., § 33 Anm. 15; zur bilanziellen Buchung vgl. Runkel-Langsdorff, S. 14 ff.

18) Hachenburg, aaO; Runkel-Langsdorff, S. 17 f; Rehm, aaO.

19) Hachenburg, GmbHG, 5. Aufl., § 33 Anm. 17.

20) Grothus, aaO; Hachenburg, GmbHG, 5. Aufl., § 33 Anm. 16; für die AG: Runkel-Langsdorff, S. 19, 21. Für die Ausübung des Stimmrechts auch Rehm, aaO.

21) Brodmann, § 33 Anm. 2 b; Schmidt in Hachenburg, GmbHG, 6. Aufl., § 33 Anm. 16; Unger, S. 48; Hansen, S. 36: Paulick, S. 25; im Ergebnis ebenso Feine, S. 417, 419 f; Seemann, S. 33.

Im Hinblick auf die Vermögensrechte folgt man dagegen der oben angeführten Ansicht insoweit, als die GmbH sowohl einen Anspruch auf den Jahresgewinn als auch auf die Rückzahlung von Nachschüssen habe. Bei der Verteilung des Gewinns bzw. der Nachschüsse sei der eigene Geschäftsanteil der GmbH wie jeder andere zu berücksichtigen und der entsprechende Betrag als Einnahme der GmbH zu verbuchen. Erst im darauffolgenden Geschäftsjahr könne ein auf den eigenen Anteil entfallender Gewinn bzw. rückvergüteter Nachschuß den übrigen Gesellschaftern zugute kommen.[22)]

Im einzelnen ist jedoch die Begründung für die Nichtausübbarkeit der Mitverwaltungsrechte aus dem eigenen Anteil der GmbH zwischen den Vertretern dieser Rechtsauffassung streitig.

Teilweise wird ein Ruhen dieser Rechte, insbesondere des Stimmrechts, angenommen.[23)] Die GmbH könne unmöglich selbst an ihrer eigenen Willensbildung teilnehmen, da erst die Abstimmung der Gesellschafter in der Gesellschafterversammlung den Willen der GmbH ergebe. Eine Mitwirkung der Gesellschaft an diesen Beschlüssen scheide daher denklogisch aus.[24)]

Teilweise wird beim Erwerb eines eigenen Anteils der Untergang sämtlicher mit dem Geschäftsanteil verbundenen

---

22) Paulick, S. 26; Feine, S. 418 f; Unger, S. 42 f; Hansen, S. 25 ff; Brodmann, § 33 Anm. 2 c, d; Schmidt in Hachenburg, GmbHG, 6. Aufl., § 33 Anm. 15, der wie die Vorauflage auch einen Anspruch auf die Liquidationsquote befürwortet.

23) So Brodmann, § 33 Anm. 2 b; Schmidt in Hachenburg, GmbHG, 6. Aufl., § 33 Anm. 16, Unger, S. 48; Hansen, S. 36; Paulick, S. 25.

24) Vgl. RGZ 103, 64 (66); sowie schon Fn. 23.

subjektiven Herrschaftsrechte angenommen.[25] Die GmbH erwerbe mit dem Geschäftsanteil lediglich einen rechtlich selbständigen Anteil an ihrem Gesellschaftsvermögen.[26] Eine subjektive Mitgliedschaft bestehe nach dem Erwerb nicht, da die GmbH weder ihr eigenes Mitglied werde, noch ein neuer Gesellschafter als möglicher Träger dieser Persönlichkeitsrechte für die Dauer der Anteilseignerschaft der GmbH vorhanden sei.[27]
In bezug auf die vermögensrechtlichen Pflichten, wie beispielsweise die Nachschußpflicht oder die Nebenleistungspflichten, wird schließlich im Ergebnis übereinstimmend angenommen, daß die Gesellschaft diese nicht zu erfüllen habe.[28]

c) Das Ruhen sämtlicher Mitgliedschaftsrechte

Die heute herrschende Meinung vertritt im Ausgangspunkt übereinstimmend ein Ruhen aller im Geschäftsanteil verkör-

---

25) So Feine, S. 416, 419 f; ihm folgend Seemann, S. 32 f; vgl. auch Ruth, S. 3 ff, der den Untergang des gesamten Mitgliedschaftsrechts an der GmbH annimmt, wenn der Geschäftsanteil auf die Körperschaft selbst übertragen wird; ebenso für eigene Aktien der AG: Sievers, Recht 1906, 974 (978).

26) Feine, S. 416; Seemann, S. 33.

27) Feine, S. 417; Seemann, aaO; Ruth, S. 4.

28) Für ein Ruhen dieser Pflichten: Unger, S. 49 f; Hansen, S. 38; Brodmann, § 33 Anm. 2 b; Für Konfusion: Paulick, S. 27; Feine, S. 421; Schmidt in Hachenburg, GmbHG, 6. Aufl., § 33 Anm. 17.

perten Mitgliedschaftsrechte.[29] Vermögensrechte wie das Gewinnbezugsrecht, der Anspruch auf Nachschußrückzahlung bzw. auf den Liquiditätserlös oder das Recht zur Teilnahme an einer Kapitalerhöhung gem. §§ 51 ff. könnten der GmbH aus dem eigenen Geschäftsanteil nicht zustehen. Ebenfalls dürfe die Gesellschaft die Mitverwaltungsrechte, darunter speziell das Stimmrecht, nicht ausüben.[30]
Diese Rechtsfolgen beim Erwerb eines eigenen Geschäftsanteils werden zum Teil aus den entsprechenden Vorschriften

---

29) Hueck in Baumbach/Hueck, GmbHG, § 33 Rdnr. 18, Scholz-K. Schmidt, GmbHG, 6. Aufl., § 48 Rdnr. 17; Lutter/Hommelhoff, GmbHG, § 33 Rdnr. 7; Hachenburg-Hohner, Ergbd., § 33 Rdnr. 52 ff; Meyer-Landrut/Miller/Niehus, GmbHG, § 33 Rdnr. 13; Goutier/Seydel/Eser/Wolf, GmbH-Praxis, 1. Teil, § 33 Rdnr. 20; Hilber/Vogel/Schoeler, S. 140; Klauss/Birle, Die GmbH, Rz. 171, S. 85; Ulmer in Das GmbH-Recht in der Diskussion, S. 55 (75); Timm, GmbH-Rdsch 1980, 286 (293); Eder in GmbH-Handbuch I, Rz. I 367.1; Beuck, GmbH-Rdsch 1961, 123 (124). Weitere Nachweise bei Rowedder in Rowedder, GmbHG, § 33 Rdnr. 28. Im älteren Schrifttum vertreten von Becker, GmbH-Rdsch 1925, 101 (106 f) und GmbH-Rdsch 1938, 700 (708 f).
Scholz-H.P. Westermann, § 33 Rdnr. 32, 33 ff, geht wegen des Fehlens einer dem § 71 b AktG entsprechenden Regelung im GmbH-Gesetz von keinem allgemeinen Standpunkt aus. Er befürwortet vielmehr eine differenzierende Lösung bezüglich der Zuordnung der aus dem eigenen Geschäftsanteil fließenden Vermögens- und Mitverwaltungsrechte.

30) Hueck in Baumbach/Hueck, GmbHG, § 33 Rdnr. 19; Scholz-H.P. Westermann, § 33 Rdnr. 37; Scholz-K. Schmidt, § 47 Rdnr. 24; Hachenburg-Hohner, Ergbd., § 33 Rdnr. 57, 59; Roth, § 33 Anm. 3.3.2.; Oldenburg, S. 82 f; Kreutz in FS für Stimpel, S. 379 (388); Zöllner, Die Schranken mitgliedschaftlicher Stimmrechtsmacht, S. 142.

des Aktienrechts abgeleitet,[31] wo heute in § 71 b AktG[32] ausdrücklich geregelt ist, daß der Gesellschaft aus eigenen Aktien keine Rechte zustehen. Eine weitere Bestätigung für die Richtigkeit dieser Rechtsauffassung wird in § 33 VI des Regierungsentwurfes von 1977[33] gesehen, der eine entsprechende Regelung für die GmbH vorsah.[34] Auf Empfehlung des Rechtsausschusses[35] wurde diese vorgesehene Ergänzung des § 33 wieder gestrichen, da das Ruhen der Rechte aus eigenen Geschäftsanteilen für das geltende Recht weitgehend anerkannt sei und somit kein Regelungsbedürfnis bestehe.[36]
Schließlich wird das schutzwürdige wirtschaftliche Interesse der übrigen Gesellschafter am Gesellschaftsvermögen als Begründung für das Ruhen der Mitgliedschaftsrechte angeführt. Bei einer uneingeschränkten Ausübung der Mitverwaltungsrechte durch die Gesellschaft drohe infolge des daraus resultierenden Machtzuwachses der Verwaltung eine Interessenkollision zwischen der Geschäftsführung und den

---

31) Unter Berufung auf die früher geltenden Vorschriften des § 65 VII AktG bzw. der §§ 71 IV, 136 II AktG: Baumbach-Hueck, GmbHG, 13. Aufl., § 33 Anm. 3 C; Hachenburg-Hohner, Ergbd., § 33 Rdnr. 53, 57; Zöllner, aaO; Huber, S. 135; Winkler, GmbH-Rdsch 1972, 73 (78); Becker, GmbH-Rdsch 1938, 700 (708 f).

32) Für eine Analogie zu § 71 b AktG: Oldenburg, S. 83.

33) BT-Drucksache 8/1347, S. 11.

34) Roth, aaO; Winkler, aaO.

35) Beschlußempfehlung des Rechtsausschusses, BT-Drucksache 8/3908, S. 74.

36) Vgl. Timm, GmbH-Rdsch 1980, 286 (293), der von einer "konkludenten" Gesetzesneuregelung spricht.

übrigen Gesellschaftern.[37)]

Uneinheitlich wird innerhalb der herrschenden Meinung die Frage beantwortet, welche Bedeutung das Ruhen der Mitgliedschaftsrechte für die vermögensrechtlichen Ansprüche und Verpflichtungen hat.
Einerseits wird angeführt, daß alle mit dem Geschäftsanteil zusammenhängenden Ansprüche und Verbindlichkeiten, sowohl die beim Erwerb fällig gewesenen als auch die während der Besitzzeit der GmbH fällig werdenden, grundsätzlich durch Konfusion untergingen.[38)]
Andererseits wird unter Hinweis auf die Unzulässigkeit einer Konfusion die Auffassung vertreten, daß die Forderungen und Verbindlichkeiten gar nicht erst zur Entstehung gelangten.[39)]
Schließlich wird angenommen, daß neben den Rechten auch die Pflichten aus dem Geschäftsanteil ruhten, wobei die Auswirkungen je nach Art und Rechtsnatur der betreffenden vermögensrechtlichen Ansprüche bzw. Verpflichtungen unterschiedlich zu beurteilen seien.[40)]

---

37) Vgl. Kreutz in FS für Stimpel, S. 379 (388); Zöllner, aaO; Hachenburg-Hohner, Ergbd., § 33 Rdnr. 57; Scholz-H.P. Westermann, § 33 Rdnr. 37; sowie auch Eder in GmbH-Handbuch I, Rz. I 367.1; Niemeier, S. 136 f; Oldenburg, S. 82.

38) Hachenburg-Hohner, Ergbd., § 33 Rdnr. 50, 56; Vogel, § 33 Anm. 7; Roth, aaO; Hösel, DNotZ 1958, 5 (8 f); Sudhoff, S. 409; Wegener, GmbH-Rdsch 1952, 116 (117); Beuck, GmbH-Rdsch 1961, 123 (124).

39) Eder in GmbH-Handbuch I, Rz. I 367.2; Winkler, aaO; vgl. auch Rowedder in Rowedder, GmbHG, § 33 Rdnr. 28; Baumbach-Hueck, GmbHG, 13. Aufl., § 33 Anm. 3 B.

40) Hueck in Baumbach/Hueck, GmbHG, § 33 Rdnr. 18, 22; für ein Ruhen der gesellschaftsrechtlichen Pflichten auch Meyer-Landrut/Miller/Niehus, GmbHG, § 33 Rdnr. 13; Lutter/Hommelhoff, GmbHG, § 33 Rdnr. 7.

3. Kritik an den in der Literatur vertretenen Rechtsauffassungen

Die hier aufgezeigten unterschiedlichen Rechtsauffassungen bezüglich der Bedeutung und Folgen des Erwerbes eigener Geschäftsanteile durch die GmbH resultieren vor allem daraus, daß der dogmatische Ausgangspunkt bei der rechtlichen Untersuchung der Rechtsstellung der GmbH am eigenen Geschäftsanteil noch ungeklärt ist.
Betrachtet man die drei in der Literatur vertretenen Ansatzpunkte, so kommen zwei für den gesuchten allgemeingültigen, dem GmbH-Recht entsprechenden Ausgangspunkt nicht in Betracht, welcher einer einheitlichen Beurteilung der Rechtsstellung der GmbH am eigenen Anteil zugrunde zu legen ist.

a) Die Unmöglichkeit einer sog. "Insichmitgliedschaft" der GmbH

Der Standpunkt, daß die GmbH aufgrund ihrer eigenen Rechtspersönlichkeit die Mitgliedschaftsrechte aus dem eigenen Geschäftsanteil uneingeschränkt ausüben könne und damit Rechte gegen sich selbst erwerbe, ist mit dem geltenden GmbH-Recht unvereinbar. Zwar ist die GmbH gem. § 13 ein rechtlich selbständiges Rechtssubjekt und kann als solches auch Geschäftsanteile ihrer Gesellschafter erwerben, besitzen oder veräußern. Jedoch erlangt die GmbH damit nicht die Stellung eines Gesellschafters, der mit seinem Geschäftsanteil in den Körperschaftsbereich verwoben ist.[41] Eine solche "Insichmitgliedschaft" der juristi-

---

41) So auch RGZ 103, 64 (66); RFH JW 1930, S. 358 (359) Nr. 26; Crüger-Crecelius, § 33 Anm. 1; Feine, S. 416; Seemann, S. 26; Ruth, S. 5; vgl. auch für die AG: Cosack in FS für die Universität Gießen, S. 109 (115) m. w. N.; sowie für die bergrechtliche Gewerkschaft: PrOVG PrVerwBl 1896, Nr. 27, S. 270 (271).

schen Person an sich selbst kann bei einer GmbH gar nicht entstehen.[42] Bedingt durch den gesetzlich festgeschriebenen Charakter der GmbH als Kapitalgesellschaft hat der Geschäftsanteil die Funktion, Dritten die Einflußnahme und Teilhabe an der rechtlich verselbständigten Gesellschaft zu ermöglichen.[43] Der Geschäftsanteil bildet das Rechtsverhältnis zwischen der GmbH und dem Gesellschafter, das sämtliche mitgliedschaftlichen Rechte und Pflichten beinhaltet. Die Grundkonzeption der GmbH schließt es daher denklogisch aus, daß sich die Gesellschaft auf beiden Seiten dieses Rechtsverhältnisses zugleich als Berechtigte und Verpflichtete gegenübersteht und dadurch Rechte gegen sich selbst erwirbt bzw. sich Verpflichtungen zu ihren eigenen Gunsten auferlegt.

Obwohl sich im GmbH-Gesetz keine Anhaltspunkte finden lassen, die ausdrücklich gegen eine mitgliedschaftliche Beteiligung der GmbH an sich selbst sprechen, kann man gleichsam nicht einfach aus dem Schweigen des Gesetzes auf die Zulässigkeit der uneingeschränkten Ausübung der Mitverwaltungs- und Vermögensrechte aus einem eigenen Anteil der GmbH schließen, ohne die Eigenart des Mitgliedschaftsverhältnisses zu berücksichtigen. Aber gerade letzteres

---

42) Für den Sonderfall der sog. "Keinmann"-GmbH hält jedoch Kreutz in FS für Stimpel, S. 379 (388 ff), die Ausübung der Stimmrechte aus eigenen Anteilen der GmbH durch die Geschäftsführung für zulässig.

43) Im Regelfall findet sich die Beteiligung von natürlichen Personen an einer GmbH, von dem hier ausgegangen wird. Seltener sind andere juristische Personen Gesellschafter einer von ihnen unabhängigen GmbH. In diesem Fall ermöglicht der Geschäftsanteil natürlichen Personen nur mittelbar die Einflußnahme und Teilhabe an der GmbH, da er unmittelbar ein Rechtsverhältnis zwischen zwei verschiedenen juristischen Personen herstellt. Das im GmbH-Geschäftsanteil verkörperte Mitgliedschaftsrecht der an der GmbH beteiligten juristische Personen wird dabei von ihren Organen ausgeübt.

läßt eine "Insichmitgliedschaft" der GmbH, wie sie die erste Literaturmeinung vertritt, nicht zu.[44)]
Diese Rechtsauffassung ist somit nicht geeignet, die Rechtsstellung der GmbH am eigenen Geschäftsanteil zu erklären.

b) Ablehnung einer isolierten Ausübung der Vermögensrechte

Gegen den Ansatzpunkt der zweiten Literaturmeinung, die zwischen Mitverwaltungs- und Vermögensrechten differenziert, erheben sich ebenfalls dogmatische Bedenken.
Die weitere Ausübbarkeit der Vermögensrechte läßt sich nicht damit erklären, daß die GmbH mit dem Erwerb des Geschäftsanteils nur den Anteil an ihrem Gesellschaftsvermögen erhält, der bisher ihrem Mitglied zustand.[45)] Dieser Auffassung liegt die Aufteilung der im Geschäftsanteil verkörperten Mitgliedschaft zugrunde, wo von einem objektiven Anteil am Gesellschaftsvermögen und einer subjektiven Gesellschafterstellung ausgegangen wird.[46)]
Mit dem heutigen Verständnis des Geschäftsanteils, der immer die gesamte Mitgliederstellung des einzelnen Gesellschafters in der GmbH umfaßt, ist eine derartige Unterscheidung zwischen subjektiven Mitverwaltungsrechten und objektiven Vermögensrechten nicht vereinbar. Vielmehr geht beim Erwerb eines eigenen Geschäftsanteils durch die GmbH das gesamte Mitgliedschaftsrecht auf die Gesellschaft über.

---

44) Siehe hierzu auch die Ausführungen unten bei Gliederungspunkt B. I. 4., wo das Ruhen des Mitgliedschaftsrechts beim eigenen Geschäftsanteil begründet wird.

45) Vgl. bereits Fn. 26 auf S. 12.

46) Vgl. die Ansicht von Feine, S. 259, 262 ff.

Ein teilweise angenommener Untergang der Mitverwaltungsrechte infolge des Erwerbes eines eigenen Anteils[47] ist ebenfalls abzulehnen.
Aus dem in § 33 gesetzlich vorgesehenen Erwerb eines eigenen Geschäftsanteils durch die GmbH folgt, daß der Geschäftsanteil in seinem rechtlichen Bestand erhalten bleibt.[48] Deshalb bleiben auch die in ihm zusammengefaßten Rechte und Pflichten aus dem Gesellschaftsverhältnis bestehen.
Die angeführte Begründung, daß die subjektiven Herrschaftsrechte untergehen müßten, weil die GmbH beim Erwerb des eigenen Anteils nicht die freigewordene Mitgliederstelle einnehme und so eine Mitgliedschaft in ihrer subjektiven Bedeutung nicht mehr bestehe, überzeugt nicht. Das im GmbH-Geschäftsanteil verkörperte Mitgliedschaftsrecht ist mit diesem selbst verbunden und in seinem rechtlichen Bestand nicht von seinem jeweiligen Rechtsträger abhängig. Es erlischt erst, wenn auch der Geschäftsanteil etwa durch eine Einziehung gem. § 34 untergeht.
Eine andere, noch zu klärende Frage ist jedoch, wie sich das im Geschäftsanteil verkörperte Mitgliedschaftsrecht verändert, wenn die GmbH Rechtsträgerin des Geschäftsanteils geworden ist.
Daß die GmbH weder die Mitverwaltungs- noch die Vermögensrechte uneingeschränkt wie bisher ihr Gesellschafter ausüben kann, ist bereits bei der Kritik an der ersten Literaturmeinung begründet worden.
Daher kann auch die Rechtsansicht einer isolierten Ausübung der Vermögensrechte nicht zutreffen. Zuzustimmen ist

---

47) Vgl. bereits Fn. 25 auf S. 12.

48) Scholz-H.P. Westermann, § 33 Rdnr. 32; Hachenburg-Hohner, Ergbd., § 33 Rdnr. 1, 50; vgl. auch Hachenburg, Recht 1907, 225 (231 f).

dieser Auffassung allerdings insoweit, als dort teilweise unter Berufung auf die Eigenart des Mitgliedschaftsverhältnisses bei der GmbH ein Ruhen der Mitverwaltungsrechte angenommen wird. Jedoch hätte konsequenterweise mit der gleichen Begründung auch ein Ruhen der Vermögensrechte befürwortet werden müssen.

c) Der richtige Ansatzpunkt der herrschenden Meinung

Will man die Rechtsstellung der GmbH am eigenen Geschäftsanteil dogmatisch widerspruchsfrei herausarbeiten, so ist richtigerweise vom Ansatzpunkt der heute herrschenden Meinung auszugehen, wo ein Ruhen aller Mitgliedschaftsrechte und -pflichten vertreten wird.

Allerdings ist der herrschenden Meinung vorzuwerfen, daß sie die Begründung für das Ruhen des Mitgliedschaftsrechts vielfach aus den entsprechenden Vorschriften des Aktienrechts ableitet, ohne - sehr viel naheliegender - die besondere Eigenart des Mitgliedschaftsverhältnisses innerhalb der GmbH zu berücksichtigen.

Mit einer analogen Anwendung des § 71 b AktG läßt sich das Ruhen der mitgliedschaftlichen Rechte und Pflichten beim eigenen Geschäftsanteil der GmbH jedoch nicht rechtfertigen:[49] Neben den grundsätzlich verschiedenen Erwerbstatbestandsvoraussetzungen in § 33 einerseits und § 71 AktG andererseits sprechen auch die sonstigen beachtenswerten strukturellen Unterschiede zwischen GmbH und AG gegen eine

---

49) Bedenken gegen eine Analogie auch bei Scholz-H.P. Westermann, § 33 Rdnr. 33 und Buchwald, GmbH-Rdsch 1958, 169 (172); vgl. auch Kreutz in FS für Stimpel, S. 379 (389), der jedenfalls eine analoge Anwendung des § 71 b AktG auf die Sonderform der "Keinmann"-GmbH ablehnt.

derartige Analogie. Die mehr personalistisch ausgerichtete GmbH läßt eine andere Rechtsfolge nach Erwerb eigener Geschäftsanteile möglicher erscheinen als den Ausschluß der Rechte aus eigenen Aktien, den § 71 b AktG für die rein kapitalistisch ausgestaltete AG ausdrücklich vorschreibt. Dafür spricht auch die Tatsache, daß es im GmbH-Gesetz bis heute keine entsprechende Regelung gibt.

4. Das Ruhen des Mitgliedschaftsrechts infolge der aus dem Mitgliedschaftsverhältnis resultierenden Interessenlage der übrigen Gesellschafter

Obwohl das Ruhen des Mitgliedschaftsrechts beim eigenen Geschäftsanteil der GmbH gesetzlich nicht geregelt ist, liegt der Grund dafür im GmbH-Recht selbst, nämlich in der durch das Mitgliedschaftsverhältnis begründeten schützenswerten Interessenlage der übrigen Gesellschafter der GmbH.[50] Hierbei ist von folgendem auszugehen:
Mit der Übernahme einer Stammeinlage wird die kapitalmäßige Grundlage der Beteiligung eines Gesellschafters an der juristischen Person GmbH geschaffen. Die Gesamtheit seiner Rechte und Pflichten aus dem Gesellschaftsverhältnis verkörpert der GmbH-Geschäftsanteil, der vom Betrag seiner übernommenen Stammeinlage bestimmt wird. Damit setzt der Geschäftsanteil Art und Umfang der Einflußnahme des Gesellschafters fest, es sei denn im Gesellschaftsvertrag finden sich andere Regelungen. Gleichzeitig ergibt sich aus dem Mitgliedschaftsverhältnis das eigene wirtschaftliche Interesse des Gesellschafters am Gesellschaftsvermögen und an der Erreichung des Gesellschaftszwecks.

---

50) So richtig die bereits in Fn. 37 auf S. 15 aufgeführte Literatur bezüglich des Ruhens des Stimmrechts beim eigenen Geschäftsanteil der GmbH.

Erwirbt nun die GmbH einen Geschäftsanteil von einem ihrer Gesellschafter, so wird das spezifische Mitgliedschaftsverhältnis zwischen einem Dritten (Gesellschafter) und der juristischen Person (Gesellschaft) aufgehoben.[51)]
Die GmbH kann aber als neue Rechtsträgerin des Geschäftsanteils das mit diesem übertragene Mitgliedschaftsrecht nicht uneingeschränkt ausüben und damit auch nicht die Stellung eines Gesellschafters erlangen. Anderenfalls käme es zu einem ungerechtfertigten Machtzuwachs der Geschäftsführung, welcher zwangsläufig zu einer Interessenkollision zwischen der Verwaltung und außenstehenden Gesellschaftern führen würde.
Besonders deutlich wird ein derartiger Interessengegensatz bei der Stimmrechtsausübung aus eigenen Anteilen. Die Geschäftsführung, die dann das Stimmrecht für die Gesellschaft auszuüben hätte, bekäme dadurch die Möglichkeit, auf die Willensbildung innerhalb der Gesellschafterversammlung Einfluß zu nehmen. Je höher die Beteiligung der GmbH mit eigenen Anteilen im Einzelfall ist, desto stärker könnte die Verwaltung die Gesellschafterbeschlüsse zu ihren Gunsten beeinflussen. Dementsprechend wäre es für die übrigen Gesellschafter unmöglich, ihr eigenes wirtschaftliches Interesse durchzusetzen, das mit dem der Verwaltung nicht übereinstimmen muß.
Ein solcher Machtzuwachs seitens der Geschäftsführung widerspricht aber in starkem Maße dem Regelungsinhalt und -zweck der §§ 48 - 51, welche die Organisation des gesellschafterlichen Willensbildungsprozesses betreffen. Aus § 48 I ergibt sich, daß die Willensbildung innerhalb der Gesellschaft ausschließlich den Gesellschaftern obliegen soll, da grundsätzlich nur sie an der Gesellschafterversammlung teilnehmen dürfen. Ist ein Geschäftsführer nicht

---

51) So auch Gonnella, DB 1965, 1165.

gleichzeitig auch Gesellschafter (sog. Fremdgeschäftsführer), so ist er als zumeist reines Vollzugsorgan[52] nicht berechtigt, von sich aus an der Versammlung teilzunehmen.[53]
Kann aber die GmbH das Mitgliedschaftsrecht aus dem eigenen Geschäftsanteil uneingeschränkt ausüben, so ist sie einerseits ihr eigener Gesellschafter[54], andererseits ist es dann auch einem Fremdgeschäftsführer gestattet, als Nichtgesellschafter immer an der Gesellschafterversammlung teilzunehmen und abzustimmen, da ihm dann als gesetzlicher Vertreter der GmbH als Gesellschafterin ein eigenes Teilnahmerecht zusteht.[55]
Die Systemwidrigkeit dieses Ergebnisses liegt auf der Hand.

Aber auch die Zubilligung von Vermögensrechten, wie beispielsweise ein der GmbH eingeräumtes Gewinnbezugsrecht gem. § 29, kann das wirtschaftliche Interesse der übrigen Gesellschafter am Gesellschaftsvermögen nachhaltig beeinträchtigen. Die Entscheidung über die Verwendung des der Gesellschaft zukommenden Gewinnanteils läge ebenfalls ausschließlich bei der Geschäftsführung, ohne daß die übrigen Gesellschafter auf diese Entscheidung sowie auf die gleichzeitig eintretende Verringerung des an sie auszuschüttenden Jahresgewinns unmittelbar Einfluß nehmen könnten.

---

52) Vgl. Scholz-Schneider, § 35 Rdnr. 149.

53) Koppensteiner in Rowedder, GmbHG, § 48 Rdnr. 10; Hachenburg-Schilling, § 48 Rdnr. 8 f; Sudhoff, S. 298 f m. w. N.

54) Vgl. Seemann, S. 24.

55) Vgl. zum Teilnahmerecht des gesetzlichen Vertreters eines Gesellschafters Koppensteiner in Rowedder, GmbHG, aaO.

Die beschriebene Interessenkollision zwischen der Verwaltung und außenstehenden Gesellschaftern erscheint unvermeidbar, wenn man der GmbH die Ausübung der Mitverwaltungs- und Vermögensrechte aus dem eigenen Geschäftsanteil zugesteht. Eine solche Interessenkollision ist jedoch der GmbH als personalistisch ausgestalteten Kapitalgesellschaft wesensfremd. Denn die GmbH ist nicht um ihrer selbst willen gegründet worden. Hinter ihr stehen anfangs immer ein oder mehrere Gesellschafter, die den Gesellschaftszweck gem. § 1 festlegen und unter der Gesellschaftsform "GmbH" auftreten. Ihnen steht kraft Gesetzes auch die Willensbildung innerhalb der Gesellschaft zu, um ihr eigenes wirtschaftliches Interesse am Gesellschaftsvermögen zu verfolgen.
Demgegenüber obliegt der Geschäftsführung gem. § 35 grundsätzlich die organschaftliche Vertretung der GmbH im Rechtsverkehr gegenüber Dritten.[56] Danach sollen der oder die Geschäftsführer den Willen der Gesellschaft unmittelbar nach außen zum Ausdruck bringen.[57] Daneben hat ein Geschäftsführer auch die Pflicht zur eigentlichen Geschäftsführung, die die Vornahme aller zur Verfolgung des Gesellschaftszwecks erforderlichen Entscheidungen umfaßt.[58] Als Konkretisierung des Gesellschaftszwecks wahrt die reine Geschäftsführung auch das wirtschaftliche Interesse der Gesellschafter, da sie sich immer nur in den durch Gesetz und Gesellschaftsvertrag vorgegebenen Grenzen bewegen kann. Daraus ergibt sich aber, daß eine mit dem Erwerb eigener Geschäftsanteile automatisch eintretende, von den Gesellschaftern ungewollte Verstärkung des Einflusses der Verwal-

---

56) Vgl. zum gesetzlichen Umfang der Vertretungsmacht Zöllner in Baumbach/Hueck, GmbHG, § 35, Rdnr. 37 ff.

57) Zöllner in Baumbach/Hueck, GmbHG, § 35 Rdnr. 36.

58) Vgl. Zöllner in Baumbach/Hueck, GmbHG, § 35 Rdnr. 17 f.

tung auf die gesellschafterliche Willensbildung im geltenden GmbH-Recht keine Grundlage findet.
Im Hinblick auf das schützenswerte wirtschaftliche Interesse der Gesellschafter und zur Vermeidung einer Interessenkollision zwischen ihnen und der Verwaltung bleibt daher nur die Konsequenz übrig, daß die Mitverwaltungs- und Vermögensrechte aus einem eigenen Geschäftsanteil der GmbH von dieser nicht ausgeübt werden dürfen. Anderenfalls würde die besondere Eigenart des Mitgliedschaftsverhältnisses bei einer GmbH grundlegend verfälscht werden.
Die Interessenlage der übrigen Gesellschafter führt dazu, daß die Ausübung des Mitgliedschaftsrechts aus einem eigenen Geschäftsanteil der GmbH rechtlich unzulässig ist, und es deshalb ruht.[59] Mit ihm ruhen ebenso alle Rechte und Pflichten aus dem Gesellschaftsverhältnis.
Damit klärt sich gleichzeitig auch der Ausgangspunkt für die weitere rechtliche Untersuchung des eigenen Geschäftsanteils. Die Annahme vom Ruhen des gesamten Mitgliedschaftsrechts bedingt durch die schützenswerte Interessenlage der übrigen Gesellschafter, die sich aus ihrem Mitgliedschaftsverhältnis ergibt, ist die allgemeingültige und dem GmbH-Recht entsprechende Grundlage, von der eine dogmatisch widerspruchsfreie Analyse des Erwerbes eigener Geschäftsanteile durch die GmbH auszugehen hat.

5. Folgen für die einzelnen Vermögens- und Mitverwaltungsrechte bzw. Pflichten

Unter Zugrundelegung dieses Rechtsverständnisses ist im folgenden zu untersuchen, welche Rechtsfolgen der Erwerb speziell für die einzelnen Rechte und Pflichten aus dem Gesellschaftsverhältnis hat.

---

59) Für ein Ruhen des Mitgliedschaftsrechts, dessen Ausübung rechtlich unzulässig ist, bereits Hirsch, S. 153.

a) Definition des ruhenden Mitgliedschaftsrechts

Um hierbei eine einheitliche Beurteilung zu erreichen, muß zunächst kurz der Begriff des ruhenden Mitgliedschaftsrechts definiert werden.
Eine treffende Definition für den Begriff des "ruhenden Rechts" findet sich bereits bei Gierke[60] und Hirsch[61]. Danach ist unter einem ruhenden Recht ein zeitweise nach seinem Inhalt nicht ausübbares Recht zu verstehen.[62] Als Grund für die Nichtausübbarkeit des Rechtes kann entweder die tatsächliche Unmöglichkeit oder die rechtliche Unzulässigkeit der Ausübung vorliegen.[63] Obwohl seine Ausübbarkeit vorübergehend endet, bleibt das ruhende Recht selbst bestehen.[64] Nur wenn feststeht, daß das Recht für immer unausübbar bleibt, erlischt es.[65] Überträgt man diese Überlegungen auf das ruhende Mitgliedschaftsrecht beim eigenen Geschäftsanteil der GmbH, so erweisen sich die obigen Ausführungen als richtig. Alle Rechte und Pflichten aus dem Gesellschaftsverhältnis bleiben bestehen, sind aber während der Anteilseignerschaft der GmbH durch diese nicht ausübbar. Ihre Nichtausübbarkeit gründet sich auf die durch das Mitgliedschaftsverhältnis bestehende schützenswerte Interessenlage der übrigen Gesellschafter der GmbH, wonach eine sog. "Insichmitgliedschaft" der Gesellschaft rechtlich unzulässig ist.

---

60) Gierke, Dt. PrivatR I, § 36 II 2.

61) Hirsch, S. 148 f; ihm folgend Unger, S. 39.

62) Entsprechend definiert § 1675 BGB das Ruhen der elterlichen Sorge, was für die Richtigkeit dieses Verständnisses spricht.

63) Hirsch, S. 149.

64) Hirsch, S. 157.

65) So mit zutreffender Begründung Hirsch, S. 150.

b) Die Vermögens- und Verwaltungsrechte im einzelnen

Im einzelnen gilt für die Vermögens- und Mitverwaltungsrechte folgendes:

aa) Das Recht auf Ausschüttung des jährlichen Bilanzgewinns

Während der Anteilseignerschaft der GmbH besteht das ruhende mitgliedschaftliche Gewinnrecht weiter, das die Gesellschaft auch jederzeit an Dritte abtreten kann.[66] Mit dem Gewinnverteilungsbeschluß erwächst aus diesem Gewinnrecht folglich auch der GmbH dem Grunde nach ein fälliger Anspruch auf den konkreten Anteil am jeweiligen Jahresgewinn.[67]
Das Ruhen der Rechte schließt nämlich in keiner Weise aus, daß der Geschäftsanteil weiterhin Ansprüche und Verpflichtungen zur Entstehung und Fälligkeit bringen kann.[68] Somit kommt es bei der Gewinnverteilung zunächst zu einer rechnerischen Berücksichtigung des eigenen Geschäftsanteils der GmbH.[69] Da aber die GmbH die im eigenen Anteil verkörperten Mitgliedschaftsrechte ihrem Inhalt nach nicht ausüben

---

66) Vgl. Sudhoff, S. 410; Hilber/Vogel/Schoeler, S. 140 f; Hueck in Baumbach/Hueck, GmbHG, § 33 Rdnr. 20 m. w. N. A. A.: Lutter/Hommelhoff, GmbHG, § 33 Rdnr. 7.

67) So auch Scholz-H.P. Westermann, § 33 Rdnr. 33.

68) Vgl. Hösel, DNotZ 1958, 5 (8); Scholz, GmbHG, 5. Aufl., § 33 Rdnr. 11; Paulick, S. 25.

69) So auch Scholz-Emmerich, § 29 Rdnr. 86; Scholz, GmbHG, 5. Aufl., § 33 Rdnr. 12; Neukamp-Becker, § 33 Anm. 1; Paulick, S. 26; differenzierend Hueck in Baumbach/Hueck, GmbHG, § 29 Rdnr. 54; Wegener, GmbH-Rdsch 1952, 116 (117), die den eigenen Geschäftsanteil bei der Gewinnverteilung nur dann berücksichtigen wollen, wenn Rechte Dritter am Geschäftsanteil bestehen.
A. A.: Lutter/Hommelhoff, GmbHG, § 29 Rdnr. 33.

kann, darf sie auch nicht den Anspruch auf Auszahlung des Gewinnanteils geltend machen und den Geldbetrag in das Gesellschaftsvermögen einbringen. Vielmehr liegt es nun bei den übrigen Gesellschaftern, über die Verwendung des auf den eigenen Geschäftsanteil der GmbH entfallenden Gewinnanteils zu beschließen. Die Gesellschafterversammlung ist dabei in ihrer Entscheidung frei, d. h. sie kann beispielsweise den betreffenden Gewinnanteil auf die Geschäftsanteile der übrigen Gesellschafter verteilen oder die Bildung einer freien Rücklage anordnen.

Die im Schrifttum speziell zum Gewinnrecht und zur Gewinnverteilung beim eigenen Geschäftsanteil vertretenen Rechtsauffassungen können dagegen nicht überzeugen.

Eine sofortige Konfusion des fälligen Gewinnanspruchs[70] stößt auf dogmatische Bedenken. Für die während der Inhaberschaft der GmbH entstehenden Ansprüche und Verpflichtungen liegt ein Fall der Konfusion nie vor.[71] Denn diese setzt zunächst voraus, daß Forderung und Schuld bei verschiedenen Personen entstehen und sich dann nachträglich in einer Person vereinigen. Beim eigenen Geschäftsanteil der GmbH besteht aber die Personengleichheit bereits von vornherein. Außerdem kann der schuldrechtliche Begriff der Konfusion nicht ohne weiteres auf die mitgliedschaftlichen Rechte und Pflichten angewendet werden.[72]

Die Auffassung, daß der Gewinnanspruch bei einem eigenen Geschäftsanteil gar nicht erst zur Entstehung gelange, da das Mitgliedschaftsverhältnis nicht mehr bestehe[73], verkennt die Wirkungen des Erwerbs eigener GmbH-Geschäftsan-

---

70) Vgl. bereits Fn. 38 auf S. 15.

71) Vgl. Eder in GmbH-Handbuch I, Rz. I 367.2; Winkler, GmbH-Rdsch 1972, 73 (78).

72) So auch Hueck in Baumbach/Hueck, GmbHG, § 33 Rdnr. 18.

73) Vgl. bereits Fn. 39 auf S. 15.

teile und wird der Stellung des eigenen Geschäftsanteils in bezug auf die Geschäftsanteile der übrigen Gesellschafter nicht gerecht.
Durch den gesetzlich zugelassenen Erwerb wird zwar das Mitgliedschaftsverhältnis des früheren Gesellschafters aufgehoben, welches durch seinen Geschäftsanteil verkörpert wurde. Der Geschäftsanteil selbst wird dabei weder in seinem rechtlichen Bestand berührt, noch werden seine Rechtsbeziehungen zu den übrigen Geschäftsanteilen verändert. An die Stelle des früheren Gesellschafters ist als Rechtsträgerin einzig die GmbH selbst getreten. Dies bedingt das Ruhen der im eigenen Geschäftsanteil verkörperten Mitgliedschaftsrechte und -pflichten, da die Gesellschaft diese aus Rechtsgründen nicht ausüben darf.
Weil aber der Geschäftsanteil selbst fortbesteht, bleiben gleichsam die in ihm verkörperten Rechte und Pflichten aus dem Gesellschaftsverhältnis bestehen, die lediglich vorübergehend von der GmbH nicht ausgeübt werden dürfen. Bestehende, aber ruhende Rechte können ohne weiteres Ansprüche und Verpflichtungen zur Entstehung und Fälligkeit bringen. Dadurch erwirbt die GmbH aber nicht Rechte gegen sich selbst, da ihr die Ausübung der Rechte untersagt ist und ein Recht erst mit seiner Ausübung sinnlich wahrnehmbar in Erscheinung tritt.[74)]
Der eigene Geschäftsanteil behält schließlich auch seine Gleichwertigkeit im Verhältnis zu den Geschäftsanteilen der übrigen Gesellschafter, da diese Rechtsbeziehungen durch den Erwerb nicht beeinträchtigt worden sind. Die Zahl der Geschäftsanteile ist gleichgeblieben. Verändert hat sich bei dem eigenen Geschäftsanteil nur der Rechtsträger, wobei

---

74) Zum Wesen der Rechtsausübung vgl. Hirsch, S. 26 ff.

die Ausübung der mit diesem Anteil verbundenen Mitgliedschaftsrechte in die Hände der übrigen Gesellschafter gelegt wird.
Aus diesen Gründen ist eine sofortige pro-rata-Verteilung des Gewinns auf die übrigen Gesellschafter ohne Berücksichtigung des eigenen Geschäftsanteils nicht möglich. Erst wenn der Gewinn rechnerisch auf sämtliche Geschäftsanteile verteilt wurde, kann eine andere Verwendung des auf den eigenen Anteil der GmbH entfallenden Gewinnanteils beschlossen werden.
Die Rechtsauffassungen in der Literatur sind in diesem Punkt somit strikt abzulehnen.

bb) Die Rückzahlung von Nachschüssen

Wird die Rückzahlung von Nachschüssen unter Beachtung des § 30 II beschlossen, so sind wiederum alle Geschäftsanteile zu berücksichtigen. Auch für den eigenen Geschäftsanteil der GmbH entsteht dem Grunde nach ein Anspruch auf Rückzahlung des anteilmäßig gezahlten Nachschusses.
Der auf den eigenen Geschäftsanteil entfallende Betrag verbleibt demnach im Gesellschaftsvermögen und fließt nicht sofort den übrigen Gesellschaftern zu.[75] Wie schon beim Gewinnanteil können sich die Gesellschafter auch hier über eine andere Verwendung dieses Betrages einigen, wobei sich gerade in diesem speziellen Fall die Bildung eines Sonderpostens "rückzahlbarer Nachschuß auf Geschäftsanteile der Gesellschaft" anbietet, der bei neuerlichem Verkauf des Geschäftsanteils an einen Dritten aufzulösen und mit dem Ge-

75) Hueck in Baumbach/Hueck, GmbHG, § 33 Rdnr. 21; Hachenburg-Hohner, Ergbd., § 33 Rdnr. 54; Scholz-H.P. Westermann, § 33 Rdnr. 35; a. A.: Scholz, GmbHG, 5. Aufl., § 33 Rdnr. 13; Hösel, DNotZ 1958, 5 (8); Becker, GmbH-Rdsch 1938, 700 (709).

schäftsanteil auszuzahlen wäre.[76] Jedoch können die Gesellschafter den Nachschußbetrag des eigenen Geschäftsanteils der GmbH auch zur Verteilung gelangen lassen oder ihn zur Reservebildung heranziehen.

cc) Das Bezugsrecht des eigenen Geschäftsanteils bei einer Kapitalerhöhung gegen Einlagen gem. §§ 55 - 57 b GmbHG

Während § 12 I KapErhG ausdrücklich die Teilnahme eigener Geschäftsanteile der GmbH an einer Kapitalerhöhung aus Gesellschaftsmitteln zuläßt, ist die Rechtslage für den eigenen Geschäftsanteil bei einer Kapitalerhöhung gegen Einlagen gem. §§ 55 - 57 b bislang nicht eindeutig geklärt.
Unter Zugrundelegung des hier vertretenen Lösungsansatzes ruht beim eigenen Geschäftsanteil auch das Bezugsrecht auf die bei der Kapitalerhöhung neu zu schaffenden Anteile, d. h. die Gesellschaft darf es nicht ausüben und neue Geschäftsanteile erwerben.[77] Jedoch bleibt das Bezugsrecht wie die übrigen Vermögensrechte bestehen und erlischt keinesfalls durch Konfusion.[78] Deshalb kann die Gesellschaft das auf dem eigenen Anteil fortbestehende Bezugsrecht an Dritte abtreten.[79] Ansonsten erwächst den übrigen Gesellschaftern ein entsprechend höheres Bezugsrecht.

---

76) So die beachtenswerte Überlegung von Rowedder in Rowedder, GmbHG, § 33 Rdnr. 31.

77) Rowedder in Rowedder, GmbHG, § 33 Rdnr. 29 m. w. N.

78) So jedoch die Vertreter der Konfusionslehre, vgl. Fn. 38 auf S. 15.

79) So auch Scholz-H.P. Westermann, § 33 Rdnr. 35; Baumbach-Hueck, GmbHG, 13. Aufl., § 33 Anm. 3 B; Hösel, DNotZ 1958, 5 (10); Sudhoff, S. 410; a. A.: Hueck in Baumbach/Hueck, GmbHG, § 33 Rdnr. 21; Hachenburg-Hohner, Ergbd., § 33 Rdnr. 55 m. w. N.

dd) Verteilung des Liquidationserlöses

Bezüglich der Vermögensverteilung gem. § 72 im Rahmen einer Liquidation der Gesellschaft gilt für den eigenen Geschäftsanteil folgendes:

Grundsätzlich ist der im Besitz der Gesellschaft befindliche Geschäftsanteil den anderen Geschäftsanteilen der übrigen Gesellschafter gleichwertig. Bei der Auflösung der GmbH insgesamt besteht aber eine besondere Situation, die es rechtfertigt, den eigenen Geschäftsanteil bei der Verteilung der Liquidationsquote ganz außer Betracht zu lassen.[80] Nach Befriedigung der Gesellschaftsgläubiger ist es Zweck des Liquidationsverfahrens, das verbleibende Gesellschaftsvermögen anteilmäßig unter den Gesellschaftern zu verteilen. Einzig die Gesellschafter haben jetzt noch ein Interesse daran, die auf ihre Geschäftsanteile entfallenden Geldbeträge einzunehmen. Ein Interesse der GmbH auf Berücksichtigung ihres eigenen Geschäftsanteils kommt im Auflösungsstadium nicht mehr in Betracht.

ee) Stimmrecht und sonstige Mitverwaltungsrechte

Der Erwerb eines Geschäftsanteils durch die GmbH bewirkt weiterhin, daß alle Mitverwaltungsrechte wie etwa das Recht auf Anfechtung von Gesellschafterbeschlüssen, die Minderheitsrechte gem. §§ 50, 51 a und vor allem das Stimmrecht ruhen und von der GmbH nicht ausgeübt werden dürfen.
Aus dem Ruhen der Mitverwaltungsrechte folgt insbesondere ein tatsächliches Anwachsen des Gewichtes der noch vorhan-

---

80) So auch Scholz-H.P. Westermann, aaO; Hueck in Baumbach/ Hueck, GmbHG, aaO; Hachenburg-Hohner, Ergbd., § 33 Rdnr. 54; Unger, S. 44; Hansen, S. 27 f; Feine, S. 419 m. w. N.

denen Stimmen der übrigen Gesellschafter, da die auf den eigenen Geschäftsanteil der GmbH entfallende Stimme bei der Mehrheitsberechnung grundsätzlich unberücksichtigt bleibt.[81] Dadurch können sich die Mehrheitsverhältnisse innerhalb der GmbH entscheidend verschieben. Dieses Ergebnis ist keinesfalls unbillig, da sich die Gesellschafter vor dieser unerwünschten Veränderung schützen können, indem sie den Erwerb eigener Geschäftsanteile von der Zustimmung der Gesellschaftsversammlung abhängig machen. So bleibt das Risiko der Mehrheitsverschiebungen für die Gesellschafter kalkulierbar. Verlangt die Satzung bei einzelnen Beschlüssen eine bestimmte Mehrheit des vorhandenen Stammkapitals, so muß die Satzung richtigerweise dahin berichtigend ausgelegt werden, daß bei der Berechnung der Mehrheit von dem um die eigenen Anteile verminderten Stammkapital auszugehen ist.[82] Ansonsten kann aber auch allen vorhandenen Stimmen der übrigen Gesellschafter der auf sie entfallende Bruchteil der ruhenden Stimmen hinzugerechnet werden.[83]
Infolge des ruhenden Mitgliedschaftsrechts erlangt die Verwaltung schließlich auch kein allgemeines Teilnahmerecht für die Gesellschaftsversammlung.[84]

---

81) Vgl. Hachenburg-Hohner, Ergbd., § 33 Rdnr. 57; Rowedder in Rowedder, GmbHG, § 33 Rdnr. 28; Zöllner, Die Schranken der Stimmrechtsmacht, S. 143.

82) So richtig Scholz-H.P. Westermann, § 33 Rdnr. 37; Hachenburg-Hohner, Ergbd., § 33 Rdnr. 58.

83) Für diese Berechnung Feine, S. 421; Seemann, S. 32; Unger, S. 48.

84) Scholz-K. Schmidt, GmbHG, 6. Aufl., § 48 Rdnr. 17; Lutter/Hommelhoff, GmbHG, § 48 Rdnr. 5.

c) Folgen für die mitgliedschaftlichen Pflichten

Nachdem die Rechtsfolgen des Erwerbes eines eigenen Geschäftsanteils in bezug auf die wichtigsten mitgliedschaftlichen Rechte geklärt worden sind, fehlt in diesem Zusammenhang noch eine abschließende Betrachtung der mitgliedschaftlichen Pflichten.
Grundsätzlich bestehen auch die Pflichten aus dem Gesellschaftsverhältnis fort, da der Geschäftsanteil beim Erwerb durch die GmbH nicht untergegangen ist. Die Gesellschaft kann aber zur Erfüllung der während ihrer Rechtsinhaberschaft fällig werdenden Pflichten nicht herangezogen werden, da diese ruhen.[85] Ebensowenig wie die Rechte als positive Seite des Geschäftsanteils von der GmbH ausgeübt werden dürfen, belasten die Pflichten als negative Seite des Geschäftsanteils die Gesellschaft. Die Annahme einer Konfusion der Pflichten läßt sich weder aus allgemeinen rechtlichen Erwägungen noch aus dem GmbH-Gesetz selbst rechtfertigen.[86] Von den mitgliedschaftlichen Pflichten sollen im folgenden die Nachschuß- und Sonderleistungspflicht gem. §§ 26, 27; 3 II sowie die Ausfallhaftung gem. §§ 24, 31 III näher untersucht werden.

---

85) Für ein Ruhen der Pflichten Hueck in Baumbach/Hueck, GmbHG, § 33 Rdnr. 22; Rowedder in Rowedder, GmbHG, § 33 Rdnr. 36 a. E.; Unger, S. 50; Hansen, S. 38; Brodmann, § 33 Anm. 2 b; sowie bereits Fn 40 auf S, 15. A. A.: Becker, GmbH-Rdsch 1925, 101 (105 f) und GmbH-Rdsch 1938, 700 (707 f); sowie auch die in Fn. 38 und Fn. 39 auf S. 15 aufgeführte Literatur.

86) Vgl. Unger, aaO; Hansen, S. 37; sowie bereits Gliederungspunkt B. I. 5 b) aa).

aa) Nachschuß- und Sonderleistungspflichten

Soweit fällige Nachschüsse und Sonderleistungen eingefordert werden können, bleibt die Pflichterfüllung für den eigenen Geschäftsanteil ohne Bedeutung. Der auf den eigenen Anteil entfallende Nachschußanteil wird aber nicht als zusätzliche Belastung auf die übrigen Gesellschafter abgewälzt, da hier eine Kollektivhaftung analog § 24 nicht in Betracht kommt.[87] Jedoch zählt der eigene Geschäftsanteil bei der Berechnung der Nachschußgrenze mit.[88] Dies ergibt sich einmal daraus, daß die übrigen Gesellschafter durch den Erwerb eines eigenen Geschäftsanteils nicht schlechter gestellt werden dürfen. Zum anderen ist der eigene Anteil als ein vollwertiger, echter Geschäftsanteil anzusehen. Festzuhalten bleibt, daß nur die übrigen Gesellschafter zur anteilmäßigen Zahlung des Nachschusses bzw. der Sonderleistungen herangezogen werden können, da die Nachschuß- und Sonderleistungspflicht für die GmbH aus dem eigenen Geschäftsanteil ruht. Für einen bereits vor der Inhaberschaft der GmbH eingeforderten Nachschuß bleibt der Veräußerer gem. § 16 III verhaftet.

bb) Ausfallhaftung gem. §§ 24, 31 III

Treten während der Besitzzeit der GmbH die Voraussetzungen des Subsidiärhaftungsfalles gem. §§ 24, 31 III ein, so besteht ebenfalls im Rahmen dieser Deckungspflicht keine Haftung des eigenen Anteils der GmbH.

---

87) Vgl. Hachenburg-Goerdeler, § 26 Rdnr. 26 f, § 28 Rdnr. 5 m. w. N.

88) Scholz-H.P. Westermann, § 33 Rdnr. 36; Hachenburg-Hohner, Ergbd., § 33 Rdnr. 56; Hueck in Baumbach/Hueck, GmbHG, § 26 Rdnr. 9 m. w. N.

Fraglich ist aber, ob und unter welchen Voraussetzungen der auf dem eigenen Geschäftsanteil ruhende Ausfallhaftungsanteil die Subsidiärhaftung der übrigen Gesellschafter erhöht.
In bezug auf die Subsidiärhaftung nach § 31 III wirft diese Frage keine Probleme auf. Diese Haftung setzt hier eine Auszahlung mit der Folge einer Unterbilanz voraus. Die GmbH könnte den auf sie entfallenden Deckungsanteil nur aus vorhandenen Rücklagen begleichen. Solche freien Rücklagen werden der Gesellschaft in dieser Situation aber kaum noch zur Verfügung stehen, wenn sie subsidiär zur Befriedigung sonst nicht zu begleichender Gläubigerforderungen in Anspruch genommen wird. Deshalb wäre ihr Subsidiärhaftungsanteil in diesem Fall immer auf die übrigen Gesellschafter gem. § 31 III 2 umzulegen.[89)]
Bei der Subsidiärhaftung nach § 24 sind jedoch die Meinungen geteilt.
Einerseits wird angenommen, daß die Gesellschaft nicht zu den übrigen Gesellschaftern im Sinne des § 24 S. 1 zähle und deshalb unberücksichtigt bleiben müsse. Ihr Deckungsanteil sei ohne weiteres auf die anderen Gesellschafter umzulegen.[90)]
Andererseits wird vertreten, daß der Subsidiärhaftungsanteil der GmbH infolge des Erwerbes durch Konfusion erlösche und somit keine Umlage auf die verbleibenden Gesellschafter in Frage komme. Die Gesellschaft müsse ebenfalls zu den übrigen Gesellschaftern im Sinne des § 24 S. 1 gezählt wer-

---

89) Hachenburg-Goerdeler/Müller, § 31 Rdnr. 28; Scholz-H.P. Westermann, § 31 Rdnr. 24, § 33 Rdnr. 36; Hueck in Baumbach/Hueck, GmbHG, § 31 Rdnr. 15; Rowedder in Rowedder, GmbHG, § 31 Rdnr. 23; Niemeier, S. 137.

90) Fischer, GmbHG, 10. Aufl., § 24 Anm. 3; Lutter/Hommelhoff, GmbHG, § 24 Rdnr. 5; Hueck in Baumbach/Hueck, GmbHG, § 24 Rdnr. 7; Vogel, § 24 Anm. 3.

den, da der eigene Anteil auch insoweit den anderen Geschäftsanteilen gleichwertig sei.[91]
Nach der als herrschend anzusehenden Meinung sei dagegen die Gesellschaft grundsätzlich verpflichtet, ihren Ausfallhaftungsanteil aus freien Rücklagen zu bestreiten, da eine Konfusion ihres Subsidiärhaftungsanteils einem Verzicht auf die Aufbringung eines Teils des Stammkapitals gleichkommen würde. Sollten jedoch keine freien Rücklagen mehr vorhanden sein, müsse der Beitrag der GmbH gem. § 24 S. 2 auf die übrigen Gesellschafter umgelegt werden.[92]

Dem Ansatzpunkt der herrschenden Meinung ist insoweit zu folgen, als der auf dem eigenen Geschäftsanteil ruhende Subsidiärhaftungsanteil bei Vorliegen der Voraussetzungen des § 24 anteilmäßig gegenüber den verbleibenden Gesellschaftern aufrechterhalten werden muß. Diese Notwendigkeit ergibt sich einmal aus den zwingenden Vorschriften über die Kapitalaufbringung (§§ 19 II, 21 ff u.a.), die eine lückenlose Beibringung des Stammkapitals gewährleisten sollen.[93]
Zum anderen folgt der Fortbestand der anteiligen Deckungspflicht aus der Tatsache, daß der rechtliche Bestand des eigenen Geschäftsanteils infolge des Erwerbes durch die Gesellschaft in keiner Weise beeinträchtigt wird.

---

91) Hachenburg-Goerdeler, § 24 Rdnr. 19; auch noch Hachenburg-Hohner, § 33 Rdnr. 9; in der älteren Literatur vertreten von Scholz, GmbHG, 2./3. Aufl., § 24 Anm. 8; Hachenburg, GmbHG, 5. Aufl., § 24 Anm. 15.

92) Roth, § 24 Anm. 3.1.; Bartl-Henkes, § 24 Anm. 3; Meyer-Landrut/Miller/Niehus, GmbHG, § 24 Rdnr. 5; Rowedder in Rowedder, GmbHG, § 24 Rdnr. 7; Schmidt in Hachenburg, GmbHG, 6. Aufl., § 24 Anm. 15; Scholz, GmbHG, 5. Aufl., § 33 Rdnr. 8; Scholz-Emmerich, § 24 Rdnr. 13; sowie Becker, GmbH-Rdsch 1938, 700 (708) und GmbH-Rdsch 1925, 101 (106); Paulick, S. 15.

93) Hierzu ausführlich Niemeier, S. 139 f.

Die Annahme, daß die GmbH den Subsidiärhaftungsanspruch zunächst selbst aus freien Reserven erfüllen müsse, widerspricht dagegen den zur rechtlichen Behandlung eigener Anteile aufgestellten Grundsätzen. Wie schon oben näher ausgeführt, ruht das gesamte Mitgliedschaftsrecht beim eigenen Geschäftsanteil der GmbH. Die Gesellschaft darf weder die mitgliedschaftlichen Rechte ausüben, noch wird sie mit Pflichten belastet, die während ihrer Inhaberschaft entstehen. Wenn die herrschende Meinung im Hinblick auf die Sicherung einer lückenlosen Kapitalaufbringung von diesem Grundsatz abweicht, so stößt dies auf dogmatische Bedenken, da eine Notwendigkeit hierfür nicht besteht. Um die vollständige Erbringung des Stammkapitals bei Eintritt der Voraussetzungen des § 24 zu sichern, muß vielmehr der auf dem eigenen Geschäftsanteil ruhende Subsidiärhaftungsanteil gem. § 24 S. 2 ohne Einschränkung auf die übrigen Gesellschafter umgelegt werden, da die Gesellschaft bezüglich der Pflichterfüllung nicht zu den übrigen Gesellschaftern im Sinne des § 24 S. 1 zu zählen ist.[94)]

Mit diesem Ergebnis wird zum einen dem zentralen Prinzip der vollständigen und realen Kapitalaufbringung hinreichend Rechnung getragen. Zum anderen wird die Zahlung des Ausfallhaftungsanteils aus eigenen freien Rücklagen der Gesellschaft vermieden. Einer derartigen Zahlung steht letztlich auch das eben erwähnte Prinzip entgegen.[95)]

---

94) So auch Niemeier, S. 141; ihm folgend neuerdings Hachenburg-Hohner, Ergbd., § 33 Rdnr. 11 unter Aufgabe seiner früheren Auffassung; Hösel, DNotZ 1958, 5 (10); sowie die in Fn. 90 auf S. 36 angegebene Literatur.

95) Dazu ausführlich Niemeier, S. 140 f; im Ergebnis ebenso Hueck in Baumbach/Hueck, GmbHG, § 24 Rdnr. 7; Lutter/Hommelhoff, GmbHG, § 24 Rdnr. 5.

6. Die Rechtslage am Geschäftsanteil nach Veräußerung

Haben sich die bisherigen Ausführungen mit der rechtlichen Behandlung der Vermögens- und Verwaltungsrechte bzw. der Pflichten während der Anteilseignerschaft der GmbH befaßt, so ist nun kurz auf die Rechtslage nach der Veräußerung des eigenen Geschäftsanteils einzugehen.
Die Gesellschaft ist jederzeit unter Berücksichtigung der geltenden Satzungsbestimmungen befugt, ihren eigenen Geschäftsanteil weiterzuveräußern. Dadurch können die Rechte und Pflichten aus dem Gesellschaftsverhältnis vom erwerbenden Dritten ex nunc wieder ausgeübt werden.[96] Die vermögensrechtlichen Ansprüche stehen dem Erwerber insoweit zu, als sie nach seinem Erwerb fällig werden, da die während der Besitzzeit der GmbH entstandenen vermögensrechtlichen Ansprüche letztlich den verbleibenden Gesellschaftern zugeflossen sind.[97]
Ebenso haftet der Dritte nur für vermögensrechtliche Pflichten, die vom Zeitpunkt des Erwerbes an fällig werden.[98] Eine Haftung des Erwerbers für rückständige Leistungen gem. § 16 III kann nicht konstruiert werden. Die Gesellschaft konnte nämlich zur Erfüllung der während ihrer Inhaberschaft fällig gewordenen vermögensrechtlichen Pflichten nicht herangezogen werden, so daß in ihrer Person keine rückständigen

---

96) Hueck in Baumbach/Hueck, GmbHG, § 33 Rdnr. 23; Rowedder in Rowedder, GmbHG, § 33 Rdnr. 36.

97) Vgl. die Ausführungen zu den einzelnen vermögensrechtlichen Ansprüchen oben bei Gliederungspunkt B. I. 5. b); sowie auch Scholz-H.P. Westermann, § 33 Rdnr. 39; Hachenburg-Hohner, Ergbd., § 33 Rdnr. 60; Rowedder in Rowedder, GmbHG, aaO.

98) Hachenburg-Hohner, Ergbd., § 33 Rdnr. 61 m. w. N.; Hösel, aaO.

Leistungen auf den Geschäftsanteil bestehen. Ein Wiederaufleben der ruhenden Pflichten beim Erwerber ist ausgeschlossen. Dies folgt sowohl aus der gesetzlich anerkannten Rechtsposition der Gesellschaft am eigenen Geschäftsanteil als auch aus der besonderen Behandlung dieser Pflichten während der Anteilseignerschaft der GmbH, wo teils durch die bloße formelle Berücksichtigung des eigenen Anteils[99], teils durch die Umlegung der auf dem eigenen Anteil ruhenden Pflicht auf die übrigen Gesellschafter[100] die Pflichterfüllung bewirkt wurde. Aus diesen Gründen sind die Voraussetzungen eine Erwerberhaftung gem. § 16 III nicht gegeben, wenn die Gesellschaft als Veräußerer den eigenen Geschäftsanteil verkauft.[101]

---

99) So bei den Nachschuß- und Sonderleistungspflichten.

100) So bei der Subsidiärhaftung gem. §§ 24, 31 III.

101) Vgl. Scholz-H.P. Westermann, § 33 Rdnr. 40; Hueck in Baumbach/Hueck, GmbHG, § 33 Rdnr. 23; im Ergebnis ebenso Meyer-Landrut/Miller/Niehus, GmbHG, § 33 Rdnr. 15. A. A. Rowedder in Rowedder, GmbHG, § 33 Rdnr. 36; Becker, GmbH-Rdsch 1938, 700 (708), die aber verkennen, daß die GmbH am eigenen Geschäftsanteil eine selbständige und gesetzlich anerkannte Rechtsstellung besitzt und der Erwerber deshalb als Rechtsnachfolger der Gesellschaft angesehen werden muß. Siehe dazu auch Baumbach-Hueck, GmbHG, 13. Aufl., § 33 Anm. 3 B.

7. Zusammenfassung

Ausgehend vom Ruhen der mitgliedschaftlichen Rechte und Pflichten beim eigenen Geschäftsanteil als Folge der aus dem Mitgliedschaftsverhältnis resultierenden Interessenlage der übrigen Gesellschafter der GmbH, können die Bedeutung und Folgen des Erwerbes eines eigenen Geschäftsanteils durch die GmbH dogmatisch widerspruchsfrei und einheitlich beurteilt werden.

Für die GmbH ist der eigene Geschäftsanteil einerseits ein selbständiger Vermögenswert, über den sie beliebig verfügen kann. Neben einer Aktivierung des eigenen Anteils in der Bilanz gem. §§ 266 II Aktivseite B III Nr. 2, 272 IV HGB kann sie ihn und damit das Mitgliedschaftsrecht weiterveräußern, wobei der erzielte Verkaufserlös in das Gesellschaftsvermögen fließt. Weiterhin ist es ihr gestattet, die mitgliedschaftlichen Vermögensrechte selbständig abzutreten.[102] Andererseits darf die Gesellschaft aus Rechtsgründen die Mitverwaltungs- und Vermögensrechte aus dem eigenen Geschäftsanteil nicht ausüben. Pflichten aus dem Gesellschaftsverhältnis können sie nicht belasten. Die Folge davon ist eine Veränderung der Beteiligungsverhältnisse innerhalb der GmbH. Durch den Erwerb eines eigenen Anteils wird der Umfang der mitgliedschaftlichen Rechte und Pflichten der anderen Gesellschafter beeinflußt, da die Ausübung des mit diesem Geschäftsanteil verbundenen Mitgliedschaftsrechts in ihre Hände gelegt wird. Insbesondere das ruhende Stimmrecht des eigenen Geschäftsanteils der GmbH kann zu einer Veränderung der Mehrheitsverhältnisse innerhalb der GmbH führen. Zudem wird die auf dem eigenen Anteil ruhende Ausfallhaftung gem. §§ 24, 31 III auf die Geschäftsanteile der übrigen

---

102) Vgl. Scholz-Winter, § 15 Rdnr. 8 m. w. N.

Gesellschafter umgelegt. In diesem Zusammenhang verbietet sich aber sowohl die Annahme einer Konfusion der Ansprüche und Verpflichtungen, die während der Anteilseignerschaft fällig werden, als auch die Ansicht, daß sie für die GmbH erst gar nicht entstehen. Diesen Auffassungen stehen gewichtige dogmatische Bedenken entgegen. Zudem werden sie der gesellschaftsrechtlichen Stellung des in § 33 gesetzlich anerkannten eigenen Geschäftsanteils der GmbH nicht gerecht, da dieser infolge des Erwerbes weder in seinem rechtlichen Bestand berührt wird noch seine Gleichwertigkeit gegenüber den übrigen Geschäftsanteilen verliert.

II. Der eigene Geschäftsanteil der GmbH kraft gesetzlichen Erwerbsrechts

Der rechtsgeschäftliche Erwerb gem. § 33 II ist für die GmbH nicht die einzige Möglichkeit, um in den Besitz eines eigenen Geschäftsanteils zu gelangen. Vielmehr lassen sich im GmbH-Gesetz Vorschriften finden, die den Erwerb eines eigenen Geschäftsanteils kraft gesetzlichen Anfallsrechts betreffen. Zum einen ist dies der § 21 II 1, der die Rechtswirkungen einer erfolgten Kaduzierung in bezug auf den Geschäftsanteil des ausgeschlossenen Gesellschafters regelt, zum anderen sind es die §§ 27 III, 28 I im Rahmen einer satzungsgemäßen Einforderung von Nachschüssen.
Nachfolgend soll auf diese gesetzlichen Erwerbstatbestände und auf die jeweilige Rechtsträgerschaft der GmbH näher eingegangen werden.

1. Die Rechtsstellung der GmbH am kaduzierten Geschäftsanteil gem. § 21 II 1 GmbHG

a) Der kaduzierte Geschäftsanteil gem. § 21 GmbHG

Im Mittelpunkt der sich aus dem Mitgliedschaftsrecht an einer GmbH ergebenden vermögensrechtlichen Pflichten steht die Einlageverpflichtung eines jeden Gesellschafters. Sie entspricht der im Gesellschaftsvertrag festgeschriebenen jeweiligen Stammeinlage.[1)] Indem die Gesellschafter ihre Stammeinlagen als Geld- oder Sacheinlage bewirken, wird so das Stammkapital[2)] und damit das mindestens aufzubringende Gesellschaftsvermögen der GmbH geschaffen, das den beständigen Haftungsfond für die Gesellschaftsgläubiger bildet und

---

1) Vgl. §§ 3 I Nr. 4, 5 IV GmbHG.

2) Zur Begriffsbestimmung Scholz-Winter, § 5 Rdnr. 10 m.w.N.

der Ersatz für die fehlende persönliche Haftung der Gesellschafter ist.[3] Im Interesse des Gläubigerschutzes ist daher die Aufbringung und Erhaltung des Stammkapitals einer der zentralen Grundsätze des GmbH-Rechts[4] und im GmbH-Gesetz[5] eingehend geregelt.
Eine besondere Gefährdung der Aufbringung des Stammkapitals tritt für die Gesellschaft dann ein, wenn ein Gesellschafter seine ausstehende, fällige Stammeinlage nicht erbringt. Dieser Fall kann nach der Eintragung der GmbH bei einer geschuldeten Geldeinlage eintreten, da bis zur Anmeldung nur ein Mindestbetrag gem. § 7 II eingezahlt zu werden braucht. Demgegenüber sind Sacheinlagen gem. § 7 III schon vor der Anmeldung vollständig zu erbringen.

Die GmbH kann dieser für sie recht kritischen Situation dadurch begegenen, daß sie von ihrem gem. § 21 eingeräumten Recht Gebrauch macht und den säumigen Gesellschafter mit seinem Geschäftsanteil entschädigungslos ausschließt. Andererseits kann die Gesellschaft zunächst auch versuchen, die Einzahlung der ausstehenden Einlage im Klagewege durchzusetzen.[6] Entschließt sie sich aber zum Ausschluß, so bestimmt sich das weitere Ausschlußverfahren nach § 21 I.[7]

---

3) Rowedder in Rowedder, GmbHG, § 5 Rdnr. 2; Lutter/Hommelhoff, GmbHG, § 5 Rdnr. 1; Hachenburg-Ulmer, Ergbd., § 5 Rdnr. 6.

4) Entwurf, S. 36, 38; Scholz-Schneider, § 19 Rdnr. 1.

5) Zur Aufbringung: vgl. §§ 5, 7 II, III, 8 II; § 19; §§ 21 - 24 GmbHG. Zur Erhaltung: vgl. §§ 30, 31 GmbHG.

6) Vgl. Oldenburg, S. 15.

7) Zu den Voraussetzungen der Kaduzierung gem. § 21 I vgl. statt aller: Scholz-Emmerich, § 21 Rdnr. 5 ff, 8 ff.

Mit dem Zugang der Ausschließungserklärung i. S. d. § 21 II wird der Geschäftsanteil des betroffenen Gesellschafters kaduziert, d. h. der Gesellschafter verliert für die Zukunft alle mit dem Geschäftsanteil verbundenen Rechte und Pflichten und somit seine konkrete Mitgliedschaft. Der kaduzierte Geschäftsanteil geht aber nicht unter wie bei der Einziehung[8], sondern bleibt bestehen. Ebenso erlöschen mit der Kaduzierung alle dinglichen Belastungen des kaduzierten Geschäftsanteils, die vom ausgeschlossenen Gesellschafter begründet worden sind.[9]

b) Meinungsstand zur Rechtsträgerschaft am kaduzierten Geschäftsanteil

Zweifelhaft und in der Wissenschaft umstritten ist das weitere Schicksal des kaduzierten Geschäftsanteils nach erfolgter Kaduzierung bis zum Eintritt eines neuen Gesellschafters.
Im Anschluß an die Formulierung des § 21 II 1 geht es hauptsächlich um die Frage, wer Rechtsträger des kaduzierten Geschäftsanteils in dem genannten Zeitraum ist.
In diesem Zusammenhang werden vier unterschiedliche Lösungsvorschläge diskutiert.[10]

---

8) Siehe dazu unten Gliederungspunkt B. III.

9) Zur Wirkung der Kaduzierung insbesondere: Hachenburg-Goerdeler, § 21 Rdnr. 23, 24; Scholz-Emmerich, § 21 Rdnr. 25 ff, jeweils mit weiteren Nachweisen.

10) Barz in Großkomm AktG, § 64 Anm. 13 hält jegliche Konstruktionsversuche der Literatur und Rechtsprechung bei der Kaduzierung für überflüssig, da sie für die praktische Rechtsanwendung ohne Bedeutung seien. Zudem bestünden über die rechtliche Wirkung der Verlustigkeitserklärung keine entscheidenden Meinungsverschiedenheiten. Ähnlich auch Baumbach-Hueck, AktG, § 64 Rdnr. 6.

aa) Rechtsträgerschaft des ausgeschlossenen Gesellschafters

Zum einen wurde früher vereinzelt die Auffassung vertreten, daß der kaduzierte Gesellschafter weiterhin Rechtsträger des Geschäftsanteils bleibe, bis die Gesellschaft den Geschäftsanteil verwertet habe.[11] Der Gesellschafter könne jedoch nicht mehr über den Geschäftsanteil verfügen, da die Verfügungsbefugnis auf die Gesellschaft übergegangen sei.[12] Die Verlustigkeitserklärung wirke daher nur "zugunsten der Gesellschaft", d. h. sie ist auf das Verhältnis zur GmbH beschränkt. Der Gesellschafter könne sich allein der Gesellschaft gegenüber nicht mehr auf seine Inhaberschaft berufen.

Gegen einen derartigen Rechtsverlust spricht zunächst, daß dem kaduzierten Gesellschafter nach Entzug seiner Mitgliedschaftsrechte und der Verfügungsbefugnis ein Geschäftsanteil belassen wird, der ohne jeden Inhalt ist. Werden ihm schon alle seine im Geschäftsanteil verkörperten Rechte und Pflichten genommen, so ist anzunehmen, daß er dann auch sein Anteilsrecht als solches verliert.[13] Weiterhin steht der

---

Eine solche Auffassung ist m. E. strikt abzulehnen, da es stets Aufgabe der Wissenschaft sein muß, sich trotz eines eindeutigen Ergebnisses um eine systemgerechte und widerspruchsfreie Lösung zu bemühen. Weiterhin genießt das Kaduzierungsverfahren bezüglich seiner Bedeutung wie Häufigkeit einen hohen Stellenwert in der gesellschaftsrechtlichen Praxis, so daß eine Außerachtlassung der rechtlichen Problembereiche des § 21 II 1 bzw. § 64 III 1 AktG nicht vertretbar erscheint. Vgl. auch Lutter in Kölner Komm., § 64 Rdnr. 25, der auf die Bedeutung für die Bilanz hinweist.

11) Ritter, AktG, § 58 Anm. 4 d; Düringer-Hachenburg-Flechtheim, HGB, § 219 Anm. 8; Grothus GmbH-Rdsch 1958, 17 (18).

12) So im Ergebnis Grothus, aaO.

13) So auch v. Halem, S. 51.

Wortlaut des § 21 III zu dieser Auffassung im Widerspruch.[14)]
Dieser Ansicht kann somit im Ergebnis nicht gefolgt werden.

bb) Die Ansicht Hachenburgs

Zum anderen ist die von Hachenburg[15)] vertretene Ansicht zu erwähnen, wonach die Rechtswirkung der Kaduzierung von der Art der Verwertung des kaduzierten Geschäftsanteils abhängig sei.
Kommt es zu einem Erwerb des Rechtsvorgängers gem. § 22 IV, so werde durch die Ausschließung nur der Übergang des Geschäftsanteils auf den jetzt kaduzierten Gesellschafter vernichtet. Der zahlende Rechtsvorgänger erwerbe von Rechts wegen den von ihm veräußerten Geschäftsanteil zurück.
Bei einer öffentlichen Versteigerung des kaduzierten Geschäftsanteils gem. § 23 sei dagegen der ursprüngliche Geschäftsanteil untergegangen. Durch die öffentliche Versteigerung werde ein neuer Geschäftsanteil geschaffen, den der Ersteher originär erwerbe.
Gegen diese Konstruktion bestehen jedoch erhebliche Bedenken. Zunächst wirft die von Hachenburg getroffene Unterscheidung die Frage nach ihrer sachlichen Berechtigung auf, da das GmbH-Gesetz dafür keine Grundlage bietet. Die Annahme, daß der zahlende Rechtsvorgänger bei einer Verwertung nach § 22 so zu behandeln sei, als habe er den Besitz am kaduzierten Geschäftsanteil nie aufgegeben, ist rein fiktiv und wirft weitere problematische Fragen auf.[16)]

---

14) Siehe Hohner, S. 115.

15) Hachenburg, GmbHG, 5. Aufl., § 21 Anm. 26; ihm zustimmend v. Stralendorff, S. 5.

16) Dazu Brodmann, § 21 Anm. 5 b; Utsch, S. 45.

Weiterhin lassen sich aus § 23 keinerlei Anhaltspunkte für die Annahme einer Neuschaffung eines Geschäftsanteils gewinnen. Vielmehr spricht § 23 eindeutig den kaduzierten Geschäftsanteil an.
Schließlich kann mit der Konstruktion Hachenburgs die Rechtswirkung des Ausschlusses im Zeitpunkt der Kaduzierung nicht beurteilt werden, da sie erst an die spätere, ungewisse Verwertung anknüpft. Die somit nur nachträglich mögliche Bestimmung des Rechtszustandes bringt nicht nur eine unvertretbare Rechtsunsicherheit und Rechtsunklarheit mit sich, sondern stellt auch den entscheidenden Nachteil dieser Konstruktion dar.[17] So verwundert es letztlich nicht, daß sich bei Hachenburg für das Zwischenstadium nach wirksamer Ausschließung bis zur Verwertung des Geschäftsanteils nur recht unscharfe Formulierungen finden lassen.[18] Einerseits vermeidet er eine ausdrückliche Ablehnung einer irgendwie gearteten Rechtsträgerschaft der Gesellschaft bezüglich des kaduzierten Geschäftsanteils. Andererseits läßt seine Formulierung auch nicht klar erkennen, ob er einen trägerlosen Geschäftsanteil bis zum Verwertungszeitpunkt befürwortet.[19]

Nach alledem ist dieser Rechtsauffassung ebenfalls nicht zu folgen.

Während die beiden oben angeführten Ansichten hauptsächlich früher vertreten wurden und heute nahezu ganz in den Hintergrund getreten sind, haben die nun folgenden zwei Lösungsmo-

---

17) Vgl. die Kritik bei Hohner, S. 127; Balz, S. 20; Scheubel, S. 58; Utsch, aaO.

18) Vgl. Hachenburg, GmbHG, 5. Aufl., § 21 Anm. 25.

19) So aber gedeutet von Hohner, S. 126; Balz, S. 19; Scheubel, S. 57.

delle große Bedeutung für die neuere wissenschaftliche Betrachtung des Kaduzierungsverfahrens, insbesondere für die Deutung des § 21 II 1 bzw. des § 64 III 1 AktG.

cc) Rechtsträgerschaft der GmbH

Eine in der Literatur stark im Vordringen befindliche Meinung, die sich auf die früher im GmbH-Recht herrschende Meinung stützen kann, nimmt den Standpunkt ein, daß der kaduzierte Geschäftsanteil fortbestehe und kraft Gesetzes auf die Gesellschaft selbst übergehe. Dabei soll der kaduzierte Geschäftsanteil in seinem vollen rechtlichen Bestand vorübergehend in das Eigentum der Gesellschaft fallen.[20] Begründet wird diese Auffassung zunächst mit der Überlegung, daß der Geschäftsanteil nach Kaduzierung nicht ins rechtliche Nichts fallen könne. Da der ausgeschlossene Gesellschafter als Rechtsträger des Anteils nicht mehr in Frage komme, bleibe zwangsläufig nur die Annahme einer Rechtsträgerschaft der GmbH übrig. Zudem beruft sich diese Ansicht auf den Wortlaut des § 21 II, wo bestimmt ist, daß der säumige Gesellschafter mit Zugang der Ausschlußerklärung seinen Geschäftsanteil verliert und zwar "zugunsten der Gesellschaft".

---

20) Für die neuere Literatur: Lutter, Kapital, S. 147 Fn. 179; Lutter/Hommelhoff, GmbHG, § 21 Rdnr. 14; Scholz-Emmerich, § 21 Rdnr. 29; Oldenburg, S. 23; wohl auch Fichtner, BB 1966, 146 (147).
Für die früher herrschende Meinung: Crüger-Crecelius, § 21 Anm. 6; Brodmann, § 21 Anm. 5 b; Liebmann-Saenger, § 21 Anm. 10; Feine, S. 306; Unger, S. 29; Scheubel, S. 60; Godosar, S. 58; Hansen, S. 17; Neukamp-Becker, § 21 Anm. 9; Neukamp, ZHR 57, S. 555; Becker, GmbH-Rdsch 1925, 153 (156).
Ebenso für die Parallelproblematik des § 64 III 1 AktG: Lutter in Kölner Komm., § 64 Rdnr. 25; Würdinger, Aktienrecht, S. 68; Bretting, S. 36 f.

Im Hinblick auf die durch § 21 II 1 geschaffene Rechtsinhaberschaft der GmbH finden sich innerhalb dieser Literaturmeinung gewisse Modifizierungen.

(1) Die zweckgebundene Inhaberschaft der GmbH am kaduzierten Geschäftsanteil

In der älteren Literatur[21] wurde allgemein betont, daß die Gesellschaft kein unumschränktes Eigentum, sondern ein Recht besonderer Art an dem Geschäftsanteil erwerbe und mit diesem nur nach den Regeln der §§ 22 - 24 verfahren könne.
Die Inhaberschaft der GmbH am kaduzierten Geschäftsanteil verfolge nur den ganz bestimmten Zweck, den Erwerb des Geschäftsanteils durch einen anderen zu ermöglichen und damit die freigewordene Mitgliedsstelle neu zu besetzen. Gleichzeitig werde auf diese Weise die Einzahlung des Stammkapitals gesichert. Diese zweckgebundene Inhaberschaft der Gesellschaft am kaduzierten Geschäftsanteil entspreche der klar erkenntlichen gesetzlichen Zweckbestimmung des gesamten Kaduzierungsverfahrens, das die Aufbringung des Stammkapitals sicherstellen soll.[22]

(2) Die Ansicht Feines

Ausgehend von diesem allgemeinen Verständnis einer beschränkten Rechtsträgerschaft der GmbH am kaduzierten Geschäftsanteil, entwickelte insbesondere Feine die These, daß die Situation des Geschäftsanteils nach Kaduzierung mit

---

21) So vor allem Brodmann, aaO; Godosar, S. 59 f; Scheubel, S. 61 f; Feine, S. 307 f; Liebmann-Saenger, aaO; ähnlich auch Scholz-Emmerich, aaO; Lutter/Hommelhoff, aaO.

22) Scheubel, S. 62.

einem Eigentümergrundschuldrecht verglichen werden könne.[23)] Anknüpfend an die von ihm beim Geschäftsanteil vorgenommene Unterscheidung zwischen dem Anteil am Gesellschaftsvermögen und der persönlichen Gesellschafterstellung[24)], nimmt er bei der Kaduzierung nur eine vermögensrechtliche Trägerschaft der Gesellschaft am Geschäftsanteil an. Dagegen sollen die im Geschäftsanteil verkörperten Herrschaftsrechte der GmbH nicht zufallen.
Wie bei einem Eigentümergrundschuldrecht sei auch hier nur die objektive Seite eines Rechtes gegeben, während die subjektive Seite ruhe. Deshalb könne die Rechtsposition der GmbH am kaduzierten Geschäftsanteil nur mit diesem Vergleich richtig gedeutet werden.

(3) Die Ansicht Oldenburgs

Neuerdings wird von Oldenburg die Ansicht vertreten, die GmbH besitze die volle Rechtsträgerschaft am kaduzierten Geschäftsanteil.[25)]
Die Gesellschaft sei nicht allein auf die möglicherweise langwierige, beschwerliche und kostenaufwendige Verwertung nach §§ 22 - 24 beschränkt, sondern könne auch durch sofortigen, freihändigen Verkauf des kaduzierten Geschäftsanteils die vollständige Abdeckung des Rückstandes bewirken. Damit habe sie die Möglichkeit, das Ziel des gesamten Kaduzie-

---

23) Feine, S. 307; ihm zustimmend Godosar, S. 59; im Ergebnis auch Baumbach-Hueck, GmbHG, 13. Aufl., § 21 Anm. 3 D und Schmidt in Hachenburg, GmbHG, 6. Aufl., § 21 Anm. 26, die aber beide die Rechtsträgerschaft der GmbH ablehnen.

24) Vgl. Feine, S. 259, 262 ff, zum Begriff des Geschäftsanteils und seiner Rechtsnatur.

25) Vgl. Oldenburg, S. 23 ff.

rungsverfahrens - die Realisierung der rückständigen Einlageforderung - schneller und besser zu erreichen.
Gegen die Zubilligung dieser zusätzlichen Verwertungsart spreche auch nicht die Vorschrift des § 25, da die gem. §§ 21 III - 24 Haftenden nicht aus ihrer Haftung entlassen werden. Vielmehr erlösche die Haftung mangels Rückstandes.[26)]
Einzige Voraussetzung für die Wirksamkeit des vorrangig durchzuführenden freihändigen Verkaufes sei deshalb die vollständige Begleichung des Rückstandes. Nur dann, wenn ein freier Verkauf mangels ausreichend hohen Verkaufserlöses unzulässig sei, müsse die GmbH die Verwertung nach §§ 21 ff vornehmen.[27)] Diese vergleichbar geringe Einschränkung der ansonsten als sehr weitgehend zu bezeichnenden Verfügungsbefugnis der GmbH über den kaduzierten Geschäftsanteil könne der Annahme einer vollen Rechtsträgerschaft der Gesellschaft nicht entgegengesetzt werden.[28)]

---

26) Oldenburg, S. 24 f.

27) Oldenburg, S. 25.

28) Oldenburg, S. 26.

dd) Der kaduzierte Geschäftsanteil als subjektloses Recht

Die heute herrschende Meinung in der Literatur[29], der sich auch die Rechtsprechung[30] angeschlossen hat, sieht den Geschäftsanteil des ausgeschlossenen Gesellschafters nach der Kaduzierung als trägerloses oder subjektloses Recht an. Bis zum Ende der Verwertung des kaduzierten Geschäftsanteils nach §§ 21 ff gebe es überhaupt keinen Rechtsträger. Die GmbH komme aufgrund der durch §§ 21 ff stark eingeschränkten Verfügungsmacht über den Geschäftsanteil als Rechtsträger unmöglich in Betracht. Vielmehr verwalte sie den kaduzierten Geschäftsanteil als Treuhänder mit der Befugnis, ihn gem. §§ 21 ff zu verwerten. Wenn jedoch alle Verwertungsversuche erfolglos geblieben seien, insbesondere die Unverkäuflichkeit des Geschäftsanteils nach § 23 feststehe, soll der Geschäftsanteil der GmbH zu vollem Eigentum anfallen, wobei es gleichgültig sei, ob die Gesellschaft die Ausgleichszahlung gemäß § 21 III vom Ausgeschlossenen verlange oder gem. § 24

---

29) Hachenburg-Goerdeler, § 21 Rdnr. 25; Scholz-Winter, GmbHG, 6. Aufl., § 21 Rdnr. 23; Rowedder in Rowedder, GmbHG, § 21 Rdnr. 32; Roth, § 21 Anm. 4.2.; Vogel, § 21 Anm. 9; Fischer, GmbHG, 10. Aufl., § 21 Anm. 5; Bartl-Henkes, § 21 Rdnr. 291; Meyer-Landrut/Miller/Niehus, GmbHG, § 21 Rdnr. 13; Klauss/Birle, Die GmbH, S. 74 Rz. 139; Burkert, S. 82; Balz, S. 21; Utsch, S. 46 f; v. Halem, S. 51; Hohner, S. 127 f; Paulick, S. 11; Sudhoff, S. 162; Beuck, GmbH-Rdsch 1961, 123 (125); Buchwald, GmbH-Rdsch 1958, 169 (170) und GmbH-Rdsch 1959, 108; Becker, GmbH-Rdsch 1935, 857 (863 f); Schuler, GmbH-Rdsch 1961, 98 (101); Eder in GmbH-Handbuch I, Rz. I 292; im Ergebnis ebenso Hueck in Baumbach/Hueck, GmbHG, § 21 Rdnr. 12; Goutier/Seydel/Eser/Wolf, GmbH-Praxis, 1. Teil, § 21 Rdnr. 13; Rutkowsky/Risse/Lukowsky, Teil 05/6.3.5, S. 8. Für die Parallelproblematik im Aktienrecht: Geßler/Hefermehl/Eckardt/Kropff/Bungeroth, § 64 Rdnr. 49; Godin-Wilhelmi, § 64 Anm. 8;

30) RGZ 98, 276 (278); BGHZ 42, 89 (92).

von den Mitgesellschaftern.[31]
Zur Bestätigung der Richtigkeit ihrer Auffassung führt die herrschende Meinung hauptsächlich Argumente an, die sie aus der Kritik an der Literaturmeinung unter cc) gewinnt.
Zunächst vermeide die Annahme eines subjektlosen Rechts den Widerspruch zu § 33 I, der von seinem Wortlaut her den Rechtsübergang zugunsten der Gesellschaft eindeutig verbiete.[32]
Weiterhin führe die Auffassung von einer Rechtsträgerschaft der Gesellschaft zwangsläufig zu unvertretbaren praktischen Ergebnissen, die im Widerspruch zu den allgemein anerkannten Grundsätzen der rechtlichen Behandlung des kaduzierten Geschäftsanteils stünden[33]:

- Der Erwerb durch die Gesellschaft ließe nämlich ihre Forderung auf die rückständige, fällige Einlagerate durch Konfusion untergehen, ein Ergebnis, das dem Prinzip der Stammkapitalaufbringung widerspreche und somit unzulässig sei.[34]
- Die GmbH müsse den kaduzierten Geschäftsanteil dann auch in ihre Bilanz auf der Aktivseite einstellen[35] und den zwischen der Kaduzierung und der Verwertung auf

---

31) RGZ 86, 419 (421); Bartl-Henkes, § 23 Rdnr. 301; Hueck in Baumbach/Hueck, GmbHG, § 23 Rdnr. 6; Scholz-Winter, GmbHG, 6. Aufl., § 23 Rdnr. 16; Hachenburg-Goerdeler, § 23 Rdnr. 25; Roth, § 23 Anm. 3; Meyer-Landrut/Miller/Niehus, GmbHG, § 23 Rdnr. 10; Rowedder in Rowedder, GmbHG, § 23 Rdnr. 19; Vogel, § 23 Anm. 3; v. Halem, S. 121; Spindler, GmbH-Rdsch 1960, 177 (179). A. A.: Paulick, S. 14; Buchwald, GmbH-Rdsch 1959, 108 (109).

32) Paulick, aaO; Schuler, GmbH-Rdsch 1961, 98 (101); Buchwald, GmbH-Rdsch 1958, 169 (170).

33) Vgl. dazu Hueck in Baumbach/Hueck, GmbHG, § 21 Rdnr. 12; Hohner, S. 118, 120 f m. w. N.

34) Utsch, S. 43; v. Halem, S. 45 ff; Becker, GmbH-Rdsch 1935, 857 (864); Scholz, GmbHG, 5. Aufl., § 21 Rdnr. 23; Schmidt in Hachenburg, GmbHG, 6. Aufl., § 21 Anm. 26.

35) Hohner, S. 118.

diesen Anteil anfallenden Gewinn dem Gesellschaftsvermögen gutschreiben.[36)]

- Außerdem könne die Gesellschaft nunmehr Gefahr laufen, daß der kaduzierte Geschäftsanteil vor Abschluß des Verwertungsverfahrens gem. §§ 22, 23 von einzelnen Gesellschaftsgläubigern gepfändet wird.[37)]
- Schließlich sei die GmbH bei einer eigenen Rechtsträgerschaft auch als Rechtsvorgängerin des zukünftigen Erwerbers i. S. d. § 22 II anzusehen.[38)]

Neben diesen Argumenten der herrschenden Meinung soll auch der Wortlaut des Gesetzes für die Annahme sprechen, daß der kaduzierte Geschäftsanteil bis zum Eintritt eines neuen Gesellschafters als subjektloses Recht fortbestehe.[39)] Vergleiche man nämlich die unterschiedlichen Formulierungen in § 21 II einerseits und in § 27 III andererseits, wo eindeutig der Eigentumserwerb der GmbH am abandonnierten Geschäftsanteil geregelt ist, so deute der umständliche Wortlaut des § 21 II eher auf eine andere Rechtsfolge hin.

c) Befürwortung einer zweckgebundenen Inhaberschaft der GmbH

Für zutreffend halte ich die Ansicht der Mindermeinung, die überwiegend von einer zweckgebundenen Inhaberschaft der GmbH ausgeht. Es muß m. E. noch stärker betont werden, daß die Rechtsträgerschaft der Gesellschaft gem. § 21 II 1 streng von dem in § 33 II geregelten rechtsgeschäftlichen Erwerb

---

36) Hohner, aaO; Utsch, S. 44; v. Halem, S. 47.

37) V. Halem, S. 48.

38) Hohner, S. 121.

39) Hohner, S. 115 f; Utsch, S. 42.

eigener Anteile zu trennen ist und ihr keinesfalls dieselben rechtlichen Wesensmerkmale zukommen, die für die Rechtsträgerschaft gem. § 33 II charakteristisch sind.[40] Der Erwerb des kaduzierten Geschäftsanteils hat für die GmbH einen vom Gesetzgeber vorgegebenen Zweck, nämlich die Neubesetzung der freigewordenen Mitgliedsstelle bei gleichzeitiger Aufbringung des Stammkapitals infolge der Verwertung des Anteils gem. §§ 22 - 24. Deswegen besitzt die GmbH den Geschäftsanteil vermögensrechtlich wie auch herrschaftsrechtlich zweckbestimmt für einen anderen und nicht für sich selbst und zu eigenem Nutzen. Folgerichtig kann die GmbH weder die Mitverwaltungs- noch die Vermögensrechte aus dem kaduzierten Geschäftsanteil ausüben.

Das mit dem kaduzierten Geschäftsanteil verbundene Stimmrecht ruht bis zum Abschluß des Kaduzierungsverfahrens, da seine Ausübung rechtlich unzulässig ist.[41] Einerseits kann es die Gesellschaft aufgrund ihrer zweckgebundenen Rechtsträgerschaft am kaduzierten Geschäftsanteil nicht ausüben, andererseits ist ein ausübungsberechtigter neuer Gesellschafter noch nicht vorhanden. Auch der auf den kaduzierten Geschäftsanteil zwischenzeitlich anfallende Gewinn gebührt nicht der Gesellschaft sondern dem zukünftigen Erwerber und wird bis zu dessen Eintritt in die Gesellschaft von dieser treuhänderisch verwaltet.[42] Zu Recht bezeichnen daher die

---

40) Dies übersieht Hohner, S. 118, bei seinem gegen die Minderansicht vorgebrachten Vorwurf, eine Inhaberstellung ohne sämtliche wesenstypische Merkmale einer echten Inhaberstellung sei eine nicht zu übertreffende Abstraktion.

41) Für ein Ruhen des Stimmrechts auch Scheubel, S. 60 m. w. N.

42) Vgl. unten Gliederungspunkt B. II 1. d) aa) nach Fn. 61. Zur Bilanzierung des anfallenden Gewinns vgl. Beuck, GmbH-Rdsch 1961, 123 (125 f).

Vertreter einer zweckgebundenen Inhaberschaft die Rechtsstellung der GmbH am kaduzierten Geschäftsanteil als eine Art Treuhänderstellung gegenüber den nach §§ 21 III, 21 I, 24 haftenden Personen und vor allem für den zukünftigen Erwerber.[43] Denn dieser erhält den Geschäftsanteil mit allen seinen Rechten und Pflichten so, als hätte er ihn unmittelbar mit der Kaduzierung erworben, während tatsächlich die GmbH durch den Gesetzgeber als "Platzhalter" dazwischengeschaltet wurde. Der Erwerb des kaduzierten Geschäftsanteils nach §§ 22 IV, 23 erfolgt demnach in der Weise, daß der Erwerber den Geschäftsanteil gegen Zahlung des rückständigen Betrages unmittelbar von der Gesellschaft erhält und nur mittelbar vom ausgeschlossenen Gesellschafter.[44]
Die Annahme einer kraft Gesetzes entstandenen zweckgebundenen Inhaberschaft eigener Art beschreibt die Rechtsstellung der GmbH am kaduzierten Geschäftsanteil dogmatisch widerspruchsfreier als die differenzierenden Ansichten von Feine und Oldenburg.
Der von Feine vorgenommene Vergleich zur Eigentümergrundschuld ist zur Erklärung der gem. § 21 II 1 geschaffenen Rechtsinhaberschaft der GmbH nicht geeignet. Während der Erwerber der Grundschuld bereits Eigentümer des Grundstücks ist und nun das daran selbständig begründete dingliche Recht erwirbt, ist die GmbH vor der Kaduzierung eben gerade noch nicht Inhaberin des Geschäftsanteils. Auch ist der GmbH-Geschäftsanteil nicht mit einem dinglichen Verwertungsrecht als dingliches Teilrecht an einem Grundstück zu vergleichen, da der Geschäftsanteil das gesamte Mitgliedschaftsrecht an

---

43) Scholz-Emmerich, § 21 Rdnr. 29; Feine, S. 308; Godosar, S. 59; Scheubel, S. 61 f; Becker, GmbH-Rdsch 1925, 153 (156).

44) Scheubel, S. 61.

der juristischen Person verkörpert.[45] Somit ist diese Modifikation innerhalb der Mindermeinung abzulehnen.
Ebenso ist die Ansicht Oldenburgs von einer vollen Rechtsträgerschaft der GmbH ohne Verwertungsbeschränkungen durch §§ 21 - 23 nicht zutreffend. Die Einräumung der Möglichkeit eines von der GmbH vorrangig durchzuführenden freihändigen Verkaufs des kaduzierten Geschäftsanteils steht m. E. doch im Widerspruch zu der zwingenden Vorschrift des § 25. Indem nämlich durch die vollständige Begleichung des Rückstandes mittels freihändigen Verkaufs die Haftung der Gesellschafter erlischt, werden diese dadurch auch aus ihrer Haftung entlassen, da der Haftungsgrund weggefallen ist. Gleichzeitig verliert die Gesellschaft ihre Regreßrechte aus §§ 21 III, 22, 24, was einem Verzicht auf diese Rechte gleichkommt. Durch § 25 wird aber jeglicher Verzicht der GmbH auf den Regreß zwingend ausgeschlossen, so daß eine andere Art des Verkaufes unzulässig ist, wenn nicht ein Fall des § 23 S. 2 vorliegt.[46]
Die Tatsache, daß die Gesellschaft auch durch den freihändigen Verkauf den Rückstand vollständig und eventuell auch effektiver ausgleichen kann, und es dann keinen Grund mehr für eine anderweitige Haftung gibt, muß ebenso außer Betracht bleiben wie das Argument von Oldenburg, daß es nach der ratio der §§ 21 ff nahe liege, der GmbH diese gesetzlich nicht ausdrücklich geregelte Befriedigungsmöglichkeit an die Hand zu geben.

---

45) So auch Balz, S. 19; zu weiteren Gegenargumenten vgl. Hohner, S. 124 f.

46) So auch Hachenburg-Goerdeler, § 21 Rdnr. 27; vgl. auch Hueck in Baumbach/Hueck, GmbHG, § 21 Rdnr. 13; Spindler, GmbH-Rdsch 1950, 177 (179); Schuler, GmbH-Rdsch 1961, 98 (99). Zur Möglichkeit eines von vornherein im Gesellschaftsvertrag festgeschriebenen freihändigen Verkaufs bei der Beachtung der Zustimmungsbedingung des § 23 S. 2 vgl. Hachenburg-Goerdeler, § 23 Rdnr. 13 m. w. N.

d) Die Vorteile der zweckgebundenen Rechtsträgerschaft der GmbH gegenüber der Konstruktion eines subjektlosen Geschäftsanteils

Im folgenden soll gezeigt werden, daß eine zweckgebundene Inhaberschaft der GmbH am kaduzierten Geschäftsanteil dogmatisch wie auch von den praktischen Ergebnissen her zu vertreten ist und dabei wesentliche Vorteile gegenüber der Theorie vom subjektlosen Geschäftsanteil besitzt.

aa) Auseinandersetzung mit den Argumenten gegen die Zulässigkeit einer zweckgebundenen Inhaberschaft

In diesem Zusammenhang ist zunächst auf die von der herrschenden Meinung gegen eine Rechtsinhaberschaft der GmbH am kaduzierten Geschäftsanteil vorgebrachte Kritik näher einzugehen und zu untersuchen, welches Gewicht ihren Argumenten zukommt.

Das Argument, daß der Wortlaut des § 33 I eindeutig gegen den Rechtsübergang zugunsten der Gesellschaft spreche, ist zu Recht damit widerlegt worden, daß der Gesetzgeber in § 21 II 1 eine inhaltliche Konkretisierung des grundsätzlichen Erwerbsverbotes nicht voll eingezahlter Geschäftsanteile vorgenommen und so § 33 I bewußt eingeschränkt hat.[47] Der Zweck des § 33 I, die Aufbringung des Stammkapitals zu sichern, wird durch einen vorübergehenden Erwerb des kaduzierten Geschäftsanteils durch die Gesellschaft nicht gefährdet, da sie den Anteil nur zum Zwecke der weiteren Verwertung erwirbt und dadurch ebenfalls die Realisierungs des Stammkapi-

---

47) Scheubel, S. 59; zustimmend Oldenburg, S. 18 und auch Hohner, S. 117. Gegen die Anwendung des § 33 I bei § 21 II 1 auch Becker, GmbH-Rdsch 1925, 153 (156).

tals gewährleistet.[48] Die Vorschrift des § 33 I kann daher einer zweckgebundenen Inhaberschaft der GmbH nicht entgegengehalten werden.

Auch kann dieser Rechtsauffassung nicht vorgeworfen werden, daß bei einem Rechtserwerb der GmbH die ausstehende Einlageschuld durch Konfusion erlösche und es somit zu einem mit dem Prinzip der Stammkapitalsicherung nicht zu vereinbarenden Ergebnis komme.
Richtig ist zwar, daß sich mit dem Erwerb des kaduzierten Geschäftsanteils durch die Gesellschaft Schuld und Forderung in einer Rechtspersönlichkeit vereinigen, eine zwingend daraus resultierende Konfusion und damit ein Erlöschen der restlichen Einlageforderung kann jedoch aus dem Gesetzestext der §§ 21 III, 22 I, 24 nicht gefolgert werden.[49] Indem der Gesetzgeber dort ausdrücklich ein Haftungssystem in bezug auf den Ausgeschlossenen, die Rechtsvorgänger und die Mitgesellschafter geregelt hat, läßt er vielmehr die Konfusion der Einlageforderung nicht eintreten.[50]
Auch wenn man dieser an sich folgerichtigen Gesetzesinterpretation nicht folgt, bleibt dennoch das Prinzip der gesicherten Stammkapitalaufbringung bei einer zweckgebundenen Rechtsträgerschaft der GmbH voll gewahrt, da die Gesellschaft mittels der besonderen Haftungsansprüche der §§ 21 ff die tatsächliche Erlangung des Stammkapitals sicherstellen kann.[51]

---

48) Scheubel, S. 60; Hohner, aaO.

49) Oldenburg, S. 18 f; Lutter, Kapital S. 148 Fn. 179; Hohner, aaO; für den Nichteintritt der Konfusion auch Feine, S. 308; Scheubel, aaO.

50) Vergleichbare Fälle sind im Erbrecht geregelt, z. B. in §§ 1976, 1991 II, 2143, 2175, 2377 BGB.

51) Oldenburg, S. 19.

Gegen die Inhaberschaft der GmbH am kaduzierten Geschäftsanteil wird weiter vorgebracht, daß die GmbH den Geschäftsanteil dann auch auf der Aktivseite ihrer Bilanz ausweisen müsse, ein Ergebnis, das angeblich unbestrittenermaßen ausgeschlossen sei[52] und nur mit der Annahme eines trägerlosen Geschäftsanteils vermieden werden könne.[53] Dieses Argument der herrschenden Meinung läßt sich jedoch aus folgenden Gründen nicht aufrechterhalten:

Zunächst geben die Vertreter der herrschenden Meinung keinerlei Begründung und Nachweise für die von ihnen befürwortete Unzulässigkeit der Bilanzierung des kaduzierten Geschäftsanteils. Sie gehen vielmehr vom gewünschten Ergebnis einer bloßen Verfügungsbefugnis der GmbH am kaduzierten Geschäftsanteil aus und leiten daraus die Unzulässigkeit seiner Bilanzierung ab. Damit wird aber das zu Beweisende als bewiesen vorausgesetzt. Ein Bilanzierungsverbot für den kaduzierten Geschäftsanteil läßt sich hingegen aus dem geltenden Bilanzrecht, insbesondere aus §§ 248, 272 I HGB, nicht ableiten. Da in § 272 I HGB die Ausweisung der ausstehenden Einlagen und der davon bereits eingeforderten Einlagen vorgeschrieben wird[54], liegt auch die Möglichkeit einer bilanziellen Erfassung der sich daran anschließenden Kaduzierung nahe, wenn ein Gesellschafter die eingeforderte Einlage nicht bezahlt hat. Hierfür spricht auch, daß es sich bei dem

---

52) So Hohner, S. 118; vgl. auch Scholz-Winter, GmbHG, 6. Aufl., § 21 Rdnr. 23; Hachenburg-Goerdeler, § 21 Rdnr. 25 m. w. N.; für das Aktienrecht: Geßler/Hefermehl/Eckardt/Kropff/Bungeroth, § 64 Rdnr. 48 m. w. N.

53) Hohner, S. 127; Balz, S. 21; Beuck, GmbH-Rdsch 1961, 123 (125).

54) Zur Ausweisung gem. § 272 I HGB näher: Wirtschaftsprüfer-Handbuch 1985/86, Bd. II, S. 152, 163; Goutier/Seydel/Eser/Wolf, GmbH-Praxis, 5. Teil: Rechnungslegung, S. 139 ff.

kaduzierten Geschäftsanteil um ein selbständig bewertbares Wirtschaftsgut handelt, das ohne weiteres bilanzierungsfähig ist. Schließlich wird die gesonderte Bilanzierung des kaduzierten Geschäftsanteils auch Gläubigerschutzinteressen gerecht, da sie zusammen mit der nach § 272 I HGB erfolgten Ausweisung der ausstehenden Einlagen Aufschluß über die Liquidität der Gesellschaft gibt. Jedem Gesellschaftsgläubiger wird damit offenkundig, in welcher Höhe die ausstehenden Einlagen auf das Stammkapital bereits eingefordert sind und inwieweit die Durchsetzung der rückständigen Einlageforderung nach den besonderen Haftungsvorschriften der §§ 21 III ff zu erfolgen hat.
Des weiteren nehmen die Vertreter der herrschenden Meinung hier zu Unrecht eine Aktivierungspflicht für die GmbH an. Bei einer zweckgebundenen Inhaberschaft der GmbH am kaduzierten Geschäftsanteil ist ihr der Geschäftsanteil vom Gesetz selbst gem. § 21 II 1 zugewiesen worden, ohne daß die Gesellschaft irgendwelche Vermögensmittel aus dem Gesellschaftsvermögen aufbringen mußte. Die GmbH hat ihn somit kraft Gesetzes unentgeltlich erworben. Daher kann dieser so erworbene Geschäftsanteil im Rahmen der Bilanzierungspflicht einem Geschäftsanteil gleichgestellt werden, den die GmbH auf sonstige Weise, etwa durch Schenkung oder Vermächtnis, unentgeltlich erlangt hat. Beim unentgeltlich erworbenen eigenen Geschäftsanteil entstehen für die Gesellschaft keine Anschaffungskosten, so daß heute überwiegend eine Aktivierungspflicht abgelehnt wird, wohl aber wird eine Aktivierungsbefugnis bejaht.[55] Daraus folgt, daß der GmbH zwar ein Recht zur Bilanzierung des kaduzierten Geschäftsanteils zusteht, jedoch ist sie zu seiner Aktivierung nicht verpflichtet.

---

55) Hachenburg-Hohner, Ergbd., § 33 Rdnr. 66; Adler-Düring-Schmaltz, § 153 Rdnr. 52 m. w. N.

Entschließt sie sich zur gesonderten Bilanzierung so ist der kaduzierte Geschäftsanteil gem. § 266 II Aktivseite B II Nr. 4 HGB in die Bilanz aufzunehmen.[56] Unter entsprechender Anwendung der bilanziellen Regeln für den unentgeltlich erworbenen eigenen Geschäftsanteil ist auf der Passivseite gleichzeitig eine Sonderrücklage gem. § 272 IV HGB zu bilden.[57] Der Bilanzwert des kaduzierten Geschäftsanteils richtet sich grundsätzlich nach der rückständigen Einlageforderung.[58] Zeichnet sich jedoch bereits ab, daß die GmbH diesen Wert durch die Haftungsansprüche und bei der Verwertung des Anteils nicht wird erzielen können, so ist der Geschäftsanteil mit einem entsprechend niedrigeren Wert zu bilanzieren und schlechtestenfalls mit einem Merkposten aufzunehmen. Praktisch führt die Bilanzierung demnach nur zu einer Anhebung der Bilanzsumme um den Wert des kaduzierten Geschäftsanteils.

Als Ergebnis bleibt festzuhalten, daß eine Bilanzierung des kaduzierten Geschäftsanteils zulässig und praktisch möglich ist.[59] Daher ist auch dieses Argument der herrschenden Meinung gegen die zweckgebundene Inhaberschaft der GmbH am

---

56) Vgl. Wirtschaftsprüfer-Handbuch 1985/86, Bd. II, S. 164. Eine Bilanzierung des kaduzierten Geschäftsanteils gem. §§ 265 III 2, 266 II Aktivseite B III Nr. 2 HGB ist nicht möglich, da der kaduzierte Geschäftsanteil bis zum Abschluß des Kaduzierungsverfahrens kein eigener Anteil der GmbH im Sinne des § 33 ist.

57) Eine Rücklage im Sinne des § 272 IV HGB für unentgeltlich erworbene Geschäftsanteile der GmbH befürworten auch: Hachenburg-Hohner, Ergbd., § 33 Rdnr. 69; Soufleros, S. 160; a. A.: Centrale für GmbH in GmbH-Rdsch 1981, 225 (226), die jedoch im Widerspruch zu der gesetzlichen Regelung des § 272 IV HGB steht.

58) Oldenburg, S. 19.

59) So auch Oldenburg, aaO; a. A.: Brodmann, § 21 Anm. 5 b; Feine, S. 308; Scheubel, S. 60; Lutter/Hommelhoff, GmbHG, § 21 Rdnr. 14; Scholz-Emmerich, § 21 Rdnr. 30, die alle von einer Rechtsträgerschaft der GmbH ausgehen.

kaduzierten Geschäftsanteil widerlegt.
Der Vorwurf, die Vertreter einer zweckgebundenen Inhaberschaft seien zu Fiktionen genötigt, wenn sie die Unzulässigkeit der Zwangsvollstreckung in den kaduzierten Geschäftsanteil und die Zuweisung des zwischenzeitlich auf den Anteil angefallenen Gewinns an den zukünftigen Erwerber zu begründen haben,[60] ist ebenfalls nicht zutreffend.
Die Pfändungsmöglichkeit durch Gläubiger der GmbH wird unabhängig von der Inhaberfrage schon durch § 25 ausgeschlossen. Eine Vollstreckung in den kaduzierten Geschäftsanteil würde wiederum zu einem Verlust der Regreßrechte der GmbH führen und damit die Aufbringung des Stammkapitals stark beeinträchtigen. Dies widerspricht aber dem Regelungsgedanken des § 25, der die Erhaltung der Haftungsansprüche aus den §§ 21 III - 24 zwingend vorschreibt und somit nur eine Verwertung des kaduzierten Geschäftsanteils nach den §§ 21 ff für zulässig erklärt.[61]
Weiterhin läßt sich die Ausschüttung des Gewinnanteils an den zukünftigen Erwerber auch vom Standpunkt einer zweckgebundenen Inhaberschaft folgerichtig begründen. Nach dieser Ansicht darf die GmbH selbst keine Vorteile aus ihrer Rechtsträgerschaft ziehen, da ihr diese Rechtsstellung nur die Verwertung des kaduzierten Geschäftsanteils zwecks Aufbringung des Stammkapitals ermöglichen soll.[62] Die Gesellschaft besitzt deshalb den selbständigen Geschäftsanteil mit allen seinen Rechten und Pflichten treuhänderisch für den

---

60) Balz, S. 21; Scholz-Winter, GmbHG, 6. Aufl., § 21 Rdnr. 23.

61) Vgl. Hachenburg-Goerdeler, § 21 Rdnr. 28; Scholz-Emmerich, aaO; Feine, aaO; Lutter/Hommelhoff, GmbHG, aaO; a. A. Oldenburg, S. 20, der eine Zwangsvollstreckung in den kaduzierten Geschäftsanteil gem. §§ 857 I, 844 I ZPO zulassen und die besonderen Verwertungsvorschriften des Kaduzierungsverfahrens im Rahmen des § 844 I ZPO berücksichtigen will.

62) Scheubel, S. 61.

zukünftigen Inhaber.[63] Daraus folgt, daß im Gegensatz zu einem eigenen Geschäftsanteil gem. § 33[64] hier der Gewinnanspruch dem künftigen Erwerber gebührt und der zwischenzeitlich auf den kaduzierten Geschäftsanteil angefallene Gewinn somit an diesen auszuzahlen ist.

Im übrigen ist der Vorwurf, eine fremdnützige Treuhänderstellung der GmbH sei eine reine Fiktion[65], schon deshalb wenig überzeugend, da er sich zugleich gegen den eigenen Standpunkt der herrschenden Meinung richtet. Auch dort wird zum Teil auf diese Konstruktion zurückgegriffen, um die Ausschüttung des Gewinns an den zukünftigen Erwerber zu erklären.[66]

Schließlich wird der Rechtsauffassung von einer zweckgebundenen Inhaberschaft vorgehalten, sie nehme ihre eigene Position nicht ernst, weil sie sich nicht zu dem an sich zwingenden Ergebnis bekenne, daß die GmbH dann als Rechtsvorgängerin des Erwerbers im Sinne des § 22 II anzusehen sei.[67]

Meines Erachtens kann ein derartiges Bekenntnis, daß die GmbH haftende Rechtsvorgängerin im Sinne des § 22 II ist, von den Vertretern einer zweckgebundenen Inhaberschaft nicht abgegeben werden. Die GmbH erwirbt zwar den kaduzierten Geschäftsanteil gem. § 21 II 1 und wird damit Rechtsträgerin des Geschäftsanteils, so daß sie folgerichtig auch als Rechtsvorgängerin des Erwerbers anzusehen ist. Ihre Rechtsträgerschaft hat jedoch den gesetzlich vorgegebenen Zweck,

---

63) Vgl. die Ausführungen oben bei Gliederungspunkt B. II. 1. c).

64) Zur rechtlichen Behandlung des Dividendenbezugsrechts bei § 33 siehe oben Gliederungspunkt B. I. 5. b) aa).

65) So Balz, aaO.

66) So vom Standpunkt der herrschenden Meinung ausgehend: Utsch, S. 47; vgl. auch Scholz-Winter, GmbHG, 6. Aufl., § 21 Rdnr. 23 m. w. N.

67) So Hohner, S. 121.

den kaduzierten Geschäftsanteil gem. §§ 22 - 24 zu verwerten und so die vollständige Aufbringung des Stammkapitals aus gesellschaftsfremdem Vermögen sicherzustellen. Die Gesellschaft erlangt weder die Rechtsstellung eines Gesellschafters, der sein im Geschäftsanteil verkörpertes Mitgliedschaftsrecht im Rahmen der Satzung uneingeschränkt und zu eigenem Nutzen ausüben kann, noch hat sie selbst mit ihren Gesellschaftsvermögen für den auf die Stammeinlage rückständigen Betrag einzustehen, da sie immer noch Gläubigerin der Einlageforderung ist. Diese eingeschränkte Rechtsposition der GmbH am kaduzierten Geschäftsanteil läßt eine Haftung der Gesellschaft als Rechtsvorgängerin im Rahmen des § 22 nicht zu, wenn wiederum der Erwerber im Wege des Kaduzierungsverfahrens aus der GmbH ausgeschlossen wird. Einer derartigen Haftung steht nämlich die gesetzliche Zweckbestimmung des gesamten Kaduzierungsverfahrens entgegen, nach welcher sich die zweckgebundene Rechtsträgerschaft der GmbH zwingend ausrichtet.
Als Ergebnis bleibt somit festzuhalten, daß die GmbH infolge des gem. § 21 II 1 kraft Gesetzes eintretenden Anteilserwerbes zwar Rechtsvorgängerin des Erwerbers wird, sie jedoch trotz dieser Rechtsstellung nicht als Rechtsvorgängerin im Sinne des § 22 II angesehen werden kann.[68)]

bb) Die dogmatischen Schwächen der Konstruktion vom subjektlosen Geschäftsanteil

Wie die obigen Ausführungen gezeigt haben, sind sämtliche von der herrschenden Meinung gegen die zweckgebundene Rechtsträgerschaft der GmbH vorgebrachten Argumente nicht geeignet, die dogmatische Grundlage dieser Konstruktion in Frage zustellen. Sind damit bereits die grundlegenden dogma-

---

68) Vgl. dazu auch Scholz-Emmerich, § 21 Rdnr. 30, der annimmt, daß der zukünftige Erwerber den kaduzierten Geschäftsanteil originär erwerbe und deshalb weder die Gesellschaft noch der Ausgeschlossene als seine Rechtsvorgänger anzusehen seien.

tischen Bedenken gegen die Konstruktion einer zweckgebundenen Inhaberschaft der GmbH am kaduzierten Geschäftsanteil ausgeräumt worden, so bleibt noch darzustellen, daß demgegenüber die dogmatische Grundlage für einen subjektlosen kaduzierten Geschäftsanteil äußerst zweifelhaft erscheint. Allein schon der Ausgangspunkt der herrschenden Meinung, der sich auf die grundsätzliche Anerkennung von subjektlosen Rechten stützt, beinhaltet eine in der Literatur sehr umstrittene Frage.[69] Zwar hat Hohner[70] ausführlich und überzeugend den rechtstheoretischen Beweis für die Möglichkeit subjektloser Rechte angetreten, doch folgt daraus noch nicht die Notwendigkeit, die Rechtslage am Geschäftsanteil nach Kaduzierung damit zu erklären. Erst wenn eine systemkonforme Konstruktion zu keiner besseren Lösung gelangt, sollte man auf die Figur des subjektlosen Rechts zurückgreifen.[71] Vorliegend verbietet sich m. E. geradezu die Annahme eines subjektlosen Geschäftsanteils, da diese Rechtsauffassung weder vom Gesetzeswortlaut abzuleiten noch mit dem Wesen des GmbH-Geschäftsanteils zu vereinbaren ist.

Zunächst entspricht die Auffassung der herrschenden Meinung von einer bloßen Verfügungsbefugnis der GmbH am kaduzierten Geschäftsanteil nicht der Gesetzeskonzeption. Vergleicht man nämlich die §§ 21 II 1, 23 einerseits mit dem § 27 I, III andererseits, so wird deutlich, daß der Gesetzgeber die jeweilige Rechtsstellung der GmbH am Geschäftsanteil nach der Interessenlage der am Verfahren Beteiligten unterschiedlich

---

69) Vgl. die Nachweise bei Hohner, S. 64 Fn. 1.

70) Hohner, S. 64 ff.

71) So auch Balz, S. 20.

bestimmen wollte.[72] Bei der unbeschränkten Nachschußpflicht gem. § 27 I steht das Interesse des einzelnen Gesellschafters im Vordergrund, nach Leistung seiner Stammeinlage vor weiteren unübersehbaren Zahlungsverpflichtungen geschützt zu werden. Deshalb sieht das Gesetz in § 27 I eine Befreiungsmöglichkeit dergestalt vor, daß der Gesellschafter seinen Anteil der GmbH zur Verfügung stellen kann. Damit wird der GmbH lediglich eine Verfügungsbefugnis zur Verwertung des abandonnierten Geschäftsanteils gem. § 27 II, III eingeräumt, während der Gesellschafter bis zum Abschluß des Verwertungsverfahrens noch Rechtsträger des Anteils bleibt. Dieses Ergebnis ist allgemein anerkannt und entspricht vollkommen der hier beschriebenen Interessenlage. Anders beim Kaduzierungsverfahren, in welchem das Interesse der GmbH an einer vollständigen Aufbringung des vertraglich vereinbarten Stammkapitals überwiegt und vom Gesetzgeber geschützt wird. Es liegt folglich auf der Hand, daß die Gesellschaft hier eine andere als die ihr beim Abandon gem. § 27 I zugewiesene Rechtsstellung besitzen muß, damit sie die vollständige und reale Stammkapitalaufbringung sicherstellen kann. Dieser Überlegung trägt der Gesetzgeber in §§ 21 II 1, 23 Rechnung. Denn hätte er der GmbH bei § 21 II 1 ebenfalls nur eine Verfügungsbefugnis am kaduzierten Geschäftsanteil einräumen wollen, so hätte er die Regelungen des § 27 I, III entsprechend übernommen. Bei den §§ 21 II 1, 23 fehlen aber derartige Formulierungen, wodurch klar zum Ausdruck kommt, daß der Gesetzgeber eine bloße Verfügungsbefugnis der GmbH am kaduzierten Geschäftsanteil eben gerade nicht als ausreichend erachtet.

---

72) Siehe hierzu auch die Ausführungen unten bei Gliederungspunkt B. II. 2. b) nach Fn. 93, wo die unterschiedlichen Interessenlagen bei § 21 II 1 und § 27 I vergleichsweise aufgezeigt werden.

Infolge der faktischen Gleichsetzung dieser beiden unterschiedlichen und strikt voneinander zu trennenden Rechtspositionen der GmbH gelangt die herrschende Meinung dann auch zu einem unlogischen und willkürlich anmutenden Ergebnis, wenn sie bei § 23 im Falle der Unverkäuflichkeit des kaduzierten Geschäftsanteils einen Anteilserwerb durch die GmbH analog § 27 III 1 begründen will.[73] Das Gesetz bietet für diese Rechtsfolge in § 23 keinerlei Anhaltspunkte. Auch läßt sich dieses Ergebnis vom Standpunkt der herrschenden Meinung schwerlich herleiten.[74]

Der Wortlaut der §§ 21 II 1, 23 und die beim Kaduzierungsverfahren vorherrschende Interessenlage sprechen demnach stark für die Annahme einer zweckgebundenen Inhaberschaft der GmbH. Diese Rechtsauffassung paßt widerspruchsfrei in die Gesetzessystematik der §§ 21 ff. Wird der kaduzierte Geschäftsanteil weder durch einen Rechtsvorgänger gem. § 22 IV noch durch einen Ersteher gem. § 23 erworben, so bleibt er der GmbH zugeordnet. Für den Fall der Unverkäuflichkeit brauchte § 23 deshalb überhaupt keine besondere Regelung zu treffen. Nach Zahlung des rückständigen und bereits eingeforderten Betrages durch den Kaduzierten gem. § 21 III oder durch die Mitgesellschafter gem. § 24 ändert sich nur die Art der Inhaberschaft der GmbH am Geschäftsanteil. Die bis zu diesem Zeitpunkt bestehende zweckgebundene Inhaberschaft der GmbH kann nun nicht länger fortbestehen. Einerseits ist die Aufbringung der rückständigen Einlagerate erreicht, andererseits steht fest, daß ein neuer Gesellschafter auf diesem Weg nicht gefunden werden kann. Der jetzt voll eingezahlte Geschäftsanteil bleibt weiter im Vermögen der GmbH, die aber frei von jeglicher Bindung der §§ 21 ff über ihn verfügen kann. Die Gesellschaft besitzt nunmehr einen eige-

73) Ausdrücklich für eine Analogie zu § 27 III 1: Hachenburg-Goerdeler, § 23 Rdnr. 25; Roth, § 23 Anm. 3; Meyer-Landrut/Miller/Niehus, GmbHG, § 23 Rdnr. 10; v. Halem, S. 121; im übrigen vgl. bereits die Nachweise in Fn. 31 auf S. 54.

74) Vgl. dazu Paulick, S. 14.

nen Anteil im Sinne des § 33.[75]) Für die Ausübung der mit diesem Geschäftsanteil verbundenen Mitverwaltungs- und Vermögensrechte gelten die zum eigenen Geschäftsanteil der GmbH aufgestellten Grundsätze.[76]) Ausdrücklich an dieser Stelle hervorzuheben ist nur folgendes:
Über die Verwendung des zwischenzeitlich auf den kaduzierten Geschäftsanteil angefallenen, und von der GmbH bislang treuhänderisch verwalteten Gewinnanteils können die Gesellschafter frei beschließen, da es sich nunmehr um den auf einen eigenen Anteil der GmbH entfallenden Gewinnanteil handelt. Der eigene Anteil hat aber nach dem mißlungenen Verkaufsversuch einen kaum aktivierbaren Wert, so daß er bilanziell nur mit einem Merkposten gem. §§ 266 II Aktivseite B III Nr. 2, 272 IV HGB zu verbuchen ist. Gelingt der Gesellschaft später ein Verkauf des eigenen Anteils, dann ist der Erlös in vollem Umfang Gewinn der GmbH.
Die Auffassung von einer zweckgebundenen Inhaberschaft gelangt somit ohne jegliche willkürlich anmutende Konstruktion zu einem praktisch brauchbaren Ergebnis und beweist in diesem Punkt ihre Überlegenheit gegenüber der herrschenden Meinung.
Weiterhin schließt die dem GmbH-Geschäftsanteil wesenseigene Funktion, dem Gesellschafter die mitgliedschaftliche Beteiligung an der GmbH zu ermöglichen, es geradezu denklogisch aus, daß der Geschäftsanteil jemals den Kontakt zu diesen beiden Zuordnungssubjekten verliert und subjektlos wird.[77])

---

75) Mit diesem Ergebnis auch Scholz-Emmerich, § 23 Rdnr. 17; Paulick, S. 15; Buchwald, GmbH-Rdsch 1959, 108 (109); vgl. aber auch Rowedder in Rowedder, GmbHG, § 23 Rdnr. 19, der nach Zahlung der ausstehenden Einlage eine pro-rata-Verteilung des unverkäuflichen kaduzierten Geschäftsanteils auf die übrigen Gesellschafter vorschlägt.

76) Vgl. dazu die Ausführungen oben bei Gliederungspunkt B. I. 5. b).

77) So auch Ruth, S. 2 und Seemann, S. 33, für die der Geschäftsanteil ein ohne Inhaber undenkbares Persönlichkeitsrecht verkörpert.

Bei der Errichtung der GmbH werden die Geschäftsanteile von dieser an die einzelnen Gesellschafter ausgegeben, und in der Regel verbleiben sie auch in den Händen der von der GmbH unabhängigen Gesellschafter. Nur ausnahmsweise ist es der GmbH selbst gestattet, eigene Anteile zu besitzen. Eine solche Ausnahme beinhaltet neben § 33 auch § 21 II 1. Indem der Gesellschafter die eingeforderte Stammeinlagenrate nicht bezahlt und daher aus der Gesellschaft ausgeschlossen wird, fällt sein Geschäftsanteil folgerichtig an die GmbH als ursprüngliche Ausgabestelle wieder zurück. Neben der gesicherten Aufbringung ihres Stammkapitals hat die GmbH nunmehr die Möglichkeit zu einer Neuausgabe des Geschäftsanteils erhalten. Solange also der GmbH-Geschäftsanteil fortbesteht, besitzt ihn als Inhaber entweder ein einzelner Gesellschafter oder in Ausnahmefällen die GmbH. Eine irgendwie geartete Subjektlosigkeit des GmbH-Geschäftsanteils ist jedoch mit dem geltenden GmbH-Recht unvereinbar.

e) Zusammenfassung

Nach den vorstehenden Überlegungen spricht für die Zulässigkeit einer zweckgebundenen Inhaberschaft der GmbH am kaduzierten Geschäftsanteil, daß sie sich auf den Gesetzestext stützen kann und der Zweckbestimmung des Kaduzierungsverfahrens insgesamt voll gerecht wird.[78] Zudem haben sich sämtliche Einwände der herrschenden Meinung gegen ihre Zulässigkeit als unbegründet erwiesen. Vielmehr wurde der Beweis dafür angetreten, daß die Rechtsauffassung von einer zweckgebundenen Inhaberschaft eigener Art sowohl konstruktiv als auch von den praktischen Ergebnissen her zu vertreten ist und dabei wesentliche Vorteile gegenüber der Konstruktion eines subjektlosen kaduzierten Geschäftsanteils besitzt, de-

78) So auch Scheubel, S. 62.

ren dogmatische Unzulänglichkeiten klar aufgezeigt worden sind.

Fragt man trotz allem noch nach einem weiteren Rechtfertigungsgrund für die Annahme einer zweckgebundenen Inhaberschaft der GmbH am kaduzierten Geschäftsanteil[79], so läßt sich anführen, daß es m. E. geboten erscheint, eine dem GmbH-Recht wesensfremde und willkürlich anmutende Konstruktion eines subjektlosen kaduzierten Geschäftsanteils unter allen Umständen zu vermeiden. Eine solche Lösung kann nicht überzeugen, da sie vom gewünschten Ergebnis einer praktisch brauchbaren und plausiblen Konstruktion ausgeht und deshalb auf dogmatischem Gebiet eine klare und in sich schlüssige Erklärung der Rechtsstellung der GmbH am kaduzierten Geschäftsanteil schuldig bleiben muß.

---

79) So Utsch, S. 46.

2. Erwerb eines eigenen Geschäftsanteils im Abandonverfahren gem. § 27 III GmbHG

a) Voraussetzungen und Ausübung des Abandonrechts gem. § 27 I GmbHG

Der Gesellschaftsvertrag einer GmbH kann gem. § 26 dem einzelnen Gesellschafter die Zahlung einer über den Betrag der Stammeinlage hinausgehenden Geldeinlage auferlegen. Diese sog. Nachschüsse können von der Gesellschaft je nach Bedarf eingefordert werden und bilden somit für die GmbH eine reizvolle Möglichkeit, sich weiteres erforderliches Kapital zu verschaffen.[80)]
Neben der Regelung einer beschränkten Nachschußpflicht gem. §§ 26 III, 28 I[81)] kann der Gesellschaftsvertrag auch eine unbeschränkte Nachschußpflicht gem. § 27 I 1 anordnen, wobei der einzelne Gesellschafter sich dieser Zahlungsverpflichtung dadurch entziehen kann, daß er seinen Geschäftsanteil der Gesellschaft zur Verfügung stellt, ihn abandonniert. Diese Möglichkeit der Befreiung von der unbeschränkten Nachschußpflicht mittels Preisgabe des Geschäftsanteils an die Gesellschaft kann aber auch im Gesellschaftsvertrag gem. §§ 27 IV, 28 I 2 von einem bestimmten Betrag des auf den Geschäftsanteil eingeforderten Nachschusses abhängig gemacht werden.
Das Abandonrecht des Gesellschafters stellt in beiden Fällen das gesetzlich zwingend vorgeschriebene Korrelat für die unbeschränkte Nachschußforderung der Gesellschaft dar, ohne das die GmbH ihr charakteristisches Wesensmerkmal der beschränkten Haftung ihrer Gesellschafter verlieren würde.[82)]

---

80) Vgl. hierzu Hachenburg-Goerdeler, § 26 Rdnr. 7.

81) Siehe dazu unten Gliederungspunkt B. II. 3.

82) Als Vorbild für das Abandonrecht bei der GmbH dienten die §§ 130 ff des Preußischen Berggesetzes vom 24.6.1865.

Das Preisgaberecht des Gesellschafters setzt zunächst voraus, daß der Gesellschaftsvertrag die auf dem Geschäftsanteil lastende Nachschußpflicht auf keinen bestimmten Betrag beschränkt, er also eine der beiden angesprochenen Möglichkeiten des § 27 vorsieht.[83] Weiterhin schreibt § 27 I die vollständige Zahlung der auf den betreffenden Geschäftsanteil entfallenden Stammeinlage zwingend vor, da ansonsten das Preisgaberecht ausgeschlossen ist, wenn zwar das Stammkapital vollständig eingefordert wurde, die Nachschüsse aber vor geleisteter Einzahlung von der GmbH erhoben werden.[84] Schließlich bedarf es sowohl der Einforderung des Nachschusses durch Gesellschafterbeschluß (§ 26 I), der in der Regel mit der einfachen Mehrheit der Stimmen gefaßt wird (§§ 45 II, 47 I), als auch einer Zahlungsaufforderung an den Gesellschafter, die diesem zugegangen sein muß.[85] Ist der Nachschuß ordnungsgemäß eingefordert worden, so hat der nachschußpflichtige Gesellschafter innerhalb der in § 27 I 1 genannten Monatsfrist das Recht, mittels formloser Erklärung seinen Geschäftsanteil der Gesellschaft zwecks Befriedigung ihrer Nachschußforderung zur Verfügung zu stellen.[86] Verstreicht diese Frist, ohne daß der Gesellschafter von seinem Abandonrecht Gebrauch gemacht hat, so verliert er das Recht zur Preisgabe.[87] Leistet der Gesellschafter darüber hinaus auch nicht den rückständigen Nachschußbetrag innerhalb der Monatsfrist, steht es nun gem. § 27 I 2 im Er-

---

83) Vgl. RGZ 81, 368 (372).

84) Hachenburg-Goerdeler, § 27 Rdnr. 4; Scholz-Emmerich, § 27 Rdnr. 7.

85) Scholz-Emmerich, § 27 Rdnr. 9.

86) Näheres zur Abandonerklärung bei Hachenburg-Goerdeler, § 27 Rdnr. 10 ff; Scholz-Emmerich, § 27 Rdnr. 11 ff.

87) Rowedder in Rowedder, GmbHG, § 27 Rdnr. 14 m. w. N.

messen der Gesellschaft, die Abandonerklärung des Gesellschafters zu fingieren, d. h. den Geschäftsanteil als zur Verfügung gestellt zu betrachten. Die Voraussetzungen für diesen fingierten Abandon entsprechen denen des freiwilligen Abandon, jedoch ist hier die Zahlungsaufforderung unbedingt erforderlich, um die Zahlungsfrist in Gang zu setzen. Ausgeübt wird dieses Recht der Gesellschaft durch Erklärung an den säumigen Gesellschafter, wobei die Form des § 27 I 2 zu wahren ist.[88)]

b) Die Rechtslage am abandonnierten Geschäftsanteil bis zum Verkauf gem. § 27 II GmbHG

Die Abandonerklärung des Gesellschafters gem. § 27 I 1 bzw. der Gesellschaft gem. § 27 I 2 bewirkt, daß die persönliche Haftung des Gesellschafters für den eingeforderten Nachschußbetrag nunmehr auf den abandonnierten Gesellschaftsanteil beschränkt ist.[89)] Die Nachschußpflicht erlischt demnach nicht schon durch die Preisgabe, sondern bleibt als Schuld des Gesellschafters in Höhe des Wertes seines Geschäftsanteils bestehen. Die GmbH kann folglich nur durch die Verwertung des abandonnierten Geschäftsanteils die Dekkung des Nachschußrückstandes erreichen. Mit der Preisgabe erhält die GmbH daher die Verfügungsbefugnis, mit dem abandonnierten Geschäftsanteil gem. § 27 II zu verfahren.[90)]

---

88) Ausführlich zum fingierten Abandon: Hachenburg-Goerdeler, § 27 Rdnr. 15 ff.

89) Hachenburg-Goerdeler, § 27 Rdnr. 19; Scholz-Emmerich, § 27 Rdnr. 20; Becker, GmbH-Rdsch 1939, 571 (574); Feine, S. 324 f.

90) Scholz-Emmerich, § 27 Rdnr. 22; Becker, GmbH-Rdsch 1939, 571 (575).

Gleichzeitig verliert der Gesellschafter seine Verfügungsbefugnis über den Geschäftsanteil und kann diese nur durch die volle Nachschußzahlung wiedererlangen, zu der er bis zum Verkauf berechtigt bleibt.[91] Ihm sind fortan alle Verfügungen wie beispielsweise die Veräußerung oder Verpfändung des abandonnierten Geschäftsanteils untersagt.[92] Der Gesellschafter bleibt jedoch bis zum Zeitpunkt des Abschlusses des Verkaufes nach § 27 II bzw. bis zur Feststellung der Unverkäuflichkeit des Geschäftsanteils vollberechtigter und -verpflichteter Inhaber des abandonnierten Geschäftsanteils mit allen seinen Rechten und Pflichten, so daß ihm insbesondere das Stimm- und Dividendenbezugsrecht zukommt und ihn die Pflichten aus §§ 3 II, 16 III und 24 treffen.[93]

Die aufgezeigte Rechtsstellung der GmbH am abandonnierten Geschäftsanteil ist ganz auf die Interessenlage der Beteiligten des Nachschußverfahrens nach §§ 26, 27 I zugeschnitten. Das Nachschußkapital, auf das die Einzahlungen hier zu leisten sind, genießt im GmbH-Recht einen weitaus geringeren Schutz als das Stammkapital und bildet den beweglichen Teil des Gesellschaftsvermögens einer GmbH. Auch ist das Nachschußkapital im Gegensatz zum Stammkapital kein zwingender Bestandteil des Gesellschaftsvermögens, da seine Einführung gem. § 26 I fakultativ ist.[94] Deswegen steht das Interesse der GmbH an der vollständigen Aufbringung dieses weiteren Kapitals hier nicht so im Mittelpunkt der gesetzlichen Grundkonzeption, wie etwa das Interesse der GmbH an der ge-

---

91) Scholz-Emmerich, § 27 Rdnr. 20; Hachenburg-Goerdeler, aaO; Lutter/Hommelhoff, GmbHG, § 27 Rdnr. 2.

92) Hachenburg-Goerdeler; § 27 Rdnr. 20; Feine, S. 325; Becker, GmbH-Rdsch 1939, 571 (574).

93) Allg. M.: vgl. Scholz-Emmerich, § 27 Rdnr. 19; Rowedder in Rowedder, GmbH, § 27 Rdnr. 11, 23 m. w. N.

94) Hachenburg-Goerdeler, § 26 Rdnr. 6.

sicherten Stammkapitalaufbringung beim Kaduzierungsverfahren.

Bei § 27 I steht vielmehr das Interesse des einzelnen Gesellschafters im Vordergrund vor einer eventuell unübersehbaren Inanspruchnahme seines ganzen Vermögens durch die Gesellschaft geschützt zu werden.[95] Aus diesem Grund wird ihm kraft Gesetzes das Recht zur Preisgabe seines Geschäftsanteils und damit die Möglichkeit einer Haftungsbeschränkung eingeräumt. Konsequenz dieser Interessenbewertung des Gesetzes ist, daß die Rechtsstellung der GmbH am abandonnierten Geschäftsanteil nicht stark ausgeprägt ist. Sie enthält eben nur die Verfügungsbefugnis gem. § 27 II, um so aus dem Geschäftsanteil die Befriedigung für die Nachschußforderung zu erlangen. Eine weitergehende Verfügungsbefugnis der GmbH ist ebenso ausgeschlossen wie eine Aktivierung des abandonnierten Geschäftsanteils in der Bilanz, da der Gesellschafter immer noch Rechtsträger des Anteils ist. Zieht man nun einen Vergleich zu der erwähnten Interessenbewertung des Gesetzes beim Kaduzierungsverfahren, so spricht der in §§ 21 II, 23 abweichend von § 27 I, III gefaßte Wortlaut nur für eine zweckgebundene Inhaberschaft der GmbH am kaduzierten Geschäftsanteil, wie sie bereits dargelegt und begründet wurde.[96] Der Gesetzgeber mißt der Sicherung der Stammkapitalaufbringung allgemein eine weitaus größere Bedeutung zu als der vollständigen Einforderung von unbeschränkten Nachschüssen gem. §§ 26 I, 27 I. Dies folgt neben den zahlreichen strengen Vorschriften bezüglich der Aufbringung und Erhaltung des Stammkapitals konkret auch aus der Formulierung des § 21 II 1. Wenn dort der Wortlaut des

---

95) Vgl. Hueck in Baumbach/Hueck, GmbHG, § 27 Rdnr. 2 m. w. N.; Oldenburg, S. 126.

96) Vgl. die Ausführungen oben bei Gliederungspunkt B. II. 1. c).

§ 27 I nicht entsprechend übernommen wurde, macht der Gesetzgeber damit deutlich, daß er bei der Frage nach einer gesicherten Stammkapitalaufbringung im Rahmen des Kaduzierungsverfahrens eine bloße Verfügungsbefugnis der GmbH am kaduzierten Geschäftsanteil im Hinblick auf die dort bestehende Interessenlage als nicht ausreichend ansieht. Deswegen bleibt nach dem geltenden GmbH-Recht allein die Annahme einer zweckgebundenen Inhaberschaft der GmbH am kaduzierten Geschäftsanteil übrig, um die Rechtsstellung der GmbH dogmatisch widerspruchsfrei zu erklären.

c) Die Rechtslage am abandonnierten Geschäftsanteil nach ordnungsgemäßem Verkauf gem. § 27 II GmbHG

Kraft ihrer Verfügungsbefugnis besitzt die Gesellschaft das Recht und gleichzeitig die Pflicht, den abandonnierten Geschäftsanteil fristgerecht und unter Berücksichtigung der Formvorschrift des § 27 II 1 bzw. des § 27 II 2 zu verkaufen.[97] Anders als bei der Verwertung des kaduzierten Geschäftsanteils im Rahmen des § 23, wo die GmbH den Anteil im eigenen Namen für eigene Rechnung verkauft, wird hier der abandonnierte Geschäftsanteil von der GmbH zwar im eigenen Namen, aber für Rechnung des Gesellschafters verkauft, da dieser zur Zeit des Verkaufes noch Inhaber des Geschäftsanteils ist.[98] Ihm gebührt deswegen auch gem. § 27 II 3 ein möglicherweise durch die Verwertung erzielter Überschuß. Weiterhin kann die GmbH selber mitbieten, was seinen Grund

---

97) Ausführlich zur Art und Weise des Verkaufes: Scholz-Winter, GmbHG, 6. Aufl., § 27 Rdnr. 14 ff; Becker, GmbH-Rdsch 1939, 571 (576 ff).

98) Hueck in Baumbach/Hueck, GmbHG, § 27 Rdnr. 7; Hachenburg-Goerdeler, § 27 Rdnr. 25 m. w. N.

weniger in der Volleinzahlung der Stammeinlage hat[99], sondern sich vielmehr aus ihrer Rechtsstellung am abandonnierten Geschäftsanteil herleiten läßt. Sie hat bei § 27 II nämlich nicht die gesetzlichen Bindungen einer zweckgerichteten Inhaberschaft am zu verkaufenden Geschäftsanteil zu beachten, die ihr bei § 23 ein Mitbieten unmöglich machen, will sie nicht die vollständige Stammkapitalaufbringung gefährden und damit gegen den zentralen Grundsatz der Aufbringung und Erhaltung des Stammkapitals verstoßen. Im Rahmen des Nachschußverfahrens wird es der GmbH aufgrund ihrer ungebundenen Rechtsstellung am abandonnierten Geschäftsanteil geradezu ermöglicht, eigene Interessen beim Verwertungsverfahren gem. § 27 II wirksam durchzusetzen.[100]
Der hier angeführte Vergleich zwischen der Verwertung des kaduzierten Geschäftsanteils nach § 23 und des abandonnierten Geschäftsanteils nach § 27 II unterstreicht wiederum die oben bereits angesprochene unterschiedliche gesetzgeberische Gewichtung bei diesen beiden Verfahren. Hieraus folgt, daß eine bloße Verfügungsbefugnis der GmbH am kaduzierten Geschäftsanteil nicht zutreffen kann und vom Gesetzgeber auch nicht gewollt ist.

Mit dem Zuschlag in der öffentlichen Versteigerung bzw. der formgerechten Übertragung bei freihändigem Verkauf verliert der Gesellschafter seinen Geschäftsanteil und damit sein Mitgliedschaftsrecht an der GmbH. Der Geschäftsanteil geht

---

99) Vgl. die Ausführungen oben bei Gliederungspunkt B. II. 1. d) aa), wo dargelegt wurde, daß § 33 I einen Rechtserwerb des kaduzierten Geschäftsanteils durch die GmbH nicht ausschließt. A. A.: die bei § 21 II h. M.; vgl. statt aller Hachenburg-Goerdeler, § 23 Rdnr. 9 m.w.N.

100) Vgl. Scholz-Winter, GmbHG, 6. Aufl., § 27 Rdnr. 15; Hachenburg-Goerdeler, § 27 Rdnr. 24.

mit allen Rechten und Pflichten auf den Erwerber über, ohne daß eine Anmeldung gem. § 16 I nötig ist.[101] Der bisherige Gesellschafter und der Käufer des Geschäftsanteils haften der GmbH gem. § 16 III für rückständige Leistungen als Gesamtschuldner.[102] Jedoch ist die ursprüngliche Nachschußforderung jetzt erloschen, auch wenn der Verkaufserlös nicht voll zu ihrer Deckung ausreichte. Weiterhin erlöschen nunmehr auch alle am abandonnierten Geschäftsanteil bestehenden Pfandrechte analog §§ 1242 II, 1273 BGB, gleichgültig ob die unbeschränkte Nachschußpflicht vor oder nach Begründung eines Pfandrechtes eingeführt wurde.[103] Auch bedarf es bei der Ausübung des Abandonrechtes nicht der Zustimmung des Pfandgläubigers, da § 1276 BGB im Rahmen des § 27 unanwendbar ist.[104] Das Pfandrecht am abandonnierten Geschäftsanteil setzt sich nach dessen Verwertung im Rahmen des § 27 II infolge Surrogation analog § 1247 BGB am Anspruch des alten

---

101) Scholz-Emmerich, § 27 Rdnr. 25.

102) Hachenburg-Goerdeler, § 27 Rdnr. 27, 28; Scholz-Emmerich, § 27 Rdnr. 26; Becker, GmbH-Rdsch 1939, 571 (579); bezüglich der Anwendung des § 16 III auf den Erwerber zweifelnd: Roth, § 27 Anm. 4.2.; Brodmann, § 27 Anm. 1 b.

103) So die heute h. M.: Scholz-Emmerich, § 27 Rdnr. 28; Rowedder in Rowedder, GmbHG, § 27 Rdnr. 24; Wiedemann, S. 427; einschränkend Hachenburg-Goerdeler, § 27 Rdnr. 26. A. A.: früher noch Becker, GmbH-Rdsch 1925, 211 (213); Neukamp-Becker, § 27 Anm. 6 f. Dagegen mit überzeugenden Argumenten Schmidt in Hachenburg, GmbHG, 6. Aufl., § 27 Anm. 20; Brodmann, § 27 Anm. 7.

104) So mit ausführlicher Begründung Müller, GmbH-Rdsch 1969, 4 (7 f); Wiedemann, S. 431 f.

Gesellschafters auf den Erlösüberschuß gem. § 27 II 3 fort.[105)]

d) Der gesetzliche Anfall des unverkäuflichen abandonnierten Geschäftsanteils an die GmbH gem. § 27 III 1 GmbHG

Wird bei der Verwertung des Geschäftsanteils gem. § 27 II 1 ein den Nachschußbetrag und die Verkaufskosten deckender Erlös nicht erzielt, so kann die GmbH den Zuschlag trotz des geringeren Gebots erteilen. Eine Verpflichtung zur Annahme eines nicht zur vollständigen Befriedigung ihrer Forderung führenden Gebotes besteht für die Gesellschaft jedoch nicht.[106)] Bei der Nichterteilung des Zuschlages steht die Erfolglosigkeit dieses Verkaufsversuches fest und damit auch die Unverkäuflichkeit des Geschäftsanteils. Die GmbH erwirbt nunmehr den Geschäftsanteil kraft Gesetzes gem. § 27 III 1, da sie gegenüber dem Gesellschafter zu einem weiteren Verkaufsversuch nicht verpflichtet ist.[107)] Zu einem Anfall des abandonnierten Geschäftsanteils an die GmbH kommt es im Rah-

---

105) H. M.: Scholz-Winter, GmbHG, 6. Aufl., § 27 Rdnr. 19; Müller, GmbH-Rdsch 1969, 34 (36 f); Wiedemann, S. 427 f, jeweils mit ausführlicher Begründung und weiteren Nachweisen; Scholz-Emmerich, aaO; einschränkend Meyer-Landrut/Miller/Niehus, GmbHG, §§ 26 - 28 Rdnr. 17; Hachenburg-Goerdeler, aaO. A. A.: Scholz, GmbHG, 5. Aufl., § 27 Anm. 19; Brodmann, aaO; Becker, GmbH-Rdsch 1939, 571 (581).

106) Vgl. Scholz-Winter, GmbHG, 6. Aufl., § 27 Rdnr. 15; Hueck in Baumbach/Hueck, GmbHG, § 27 Rdnr. 7; Hachenburg-Goerdeler, § 27 Rdnr. 29; Meyer-Landrut/Miller/Niehus, GmbHG, §§ 26 - 28 Rdnr. 16.

107) So die heute h. M.: Scholz-Winter, GmbHG, 6. Aufl., § 27 Rdnr. 15, 17; Hachenburg-Goerdeler, § 27 Rdnr. 29 f; Bartl-Henkes, § 27 Rdnr. 319; Hueck in Baumbach/Hueck, GmbHG, § 27 Rdnr. 8; Roth, § 27 Anm. 4.3.; Rowedder in

men des § 27 III 1 auch dann, wenn ein Verkaufsversuch wegen Aussichtslosigkeit mit Zustimmung des Gesellschafters unterbleibt.[108]

Der Anteilserwerb der GmbH gem. § 27 III bewirkt, daß zum einen der bisherige Gesellschafter sein Mitgliedschaftsrecht an der GmbH verliert, ihr aber noch im Rahmen des § 16 III haftet.[109] Zum anderen erlöschen gleichzeitig die auf dem Geschäftsanteil ruhenden Pfandrechte, die sich auch nicht mehr im Wege der Surrogation auf einen möglichen Weiterverkaufserlös bei der GmbH erstrecken.[110] Die Gesellschaft besitzt nun einen eigenen Geschäftsanteil im Sinne des § 33, über den sie frei verfügen kann.[111]

Die Regelung des § 27 III 1 ist beim Abandonverfahren notwendig geworden, da sich infolge der Unverkäuflichkeit des abandonnierten Geschäftsanteils die Rechtsstellung der GmbH ändert.

Während des Abandonverfahrens besitzt die GmbH nur die ihr gem. § 27 I 1, II eingeräumte Verfügungsbefugnis am abandonnierten Geschäftsanteil, dessen Rechtsträger immer noch der

---

Rowedder, GmbHG, § 27 Rdnr. 20; Meyer-Landrut/Miller/Niehus, GmbHG, §§ 26 - 28 Rdnr. 20. A. A.: Oldenburg, S. 131 f, 133. Er befürwortet eine Verpflichtung der GmbH zur Veräußerung des preisgegebenen Geschäftsanteils zu jedem noch so niedrigen Gebot. Ein Anfall des Geschäftsanteils an die Gesellschaft gem. § 27 III 1 könne nur dann stattfinden, wenn überhaupt kein Gebot abgegeben wurde.

108) Rowedder in Rowedder, aaO; Hachenburg-Goerdeler, § 27 Rdnr. 30.

109) Hachenburg-Goerdeler, § 27 Rdnr. 27; Scholz-Emmerich, § 27 Rdnr. 26.

110) Hachenburg-Goerdeler, § 27 Rdnr. 31 m. w. N.

111) Vgl. Hachenburg-Goerdeler, § 27 Rdnr. 34; Scholz-Emmerich, § 27 Rdnr. 30; Meyer-Landrut/Miller/Niehus, GmbHG, §§ 26 - 28 Rdnr. 21.

Gesellschafter ist. Im Falle der Unverkäuflichkeit des abandonnierten Geschäftsanteils soll nach dem Willen des Gesetzgebers die GmbH sodann Rechtsträgerin dieses Anteils werden. Eine derartige Änderung der Rechtsträgerschaft am abandonnierten Geschäftsanteil bedurfte aber einer ausdrücklichen Gesetzesregelung.

3. Erwerb eines eigenen Geschäftsanteils im Kaduzierungsverfahren wegen beschränkter Nachschußpflicht gem. §§ 28 I, 21 II GmbHG

Anders als bei der unbeschränkten Nachschußpflicht gem. § 27 steht dem Gesellschafter bei einer gesellschaftsvertraglich festgelegten beschränkten Nachschußpflicht nicht zwingend ein Abandonrecht zu. Vielmehr gelten grundsätzlich die Vorschriften des Kaduzierungsverfahrens gem. § 28 I, 21 ff, um der Gesellschaft die Durchsetzung der Nachschußforderung bei verzögerter Einzahlung zu ermöglichen. Das GmbH-Gesetz erwähnt in § 28 I zwei Formen der beschränkten Nachschußpflicht. Einerseits kann die vom einzelnen Gesellschafter zu zahlende Nachschußsumme gem. § 26 III im Gesellschaftsvertrag auf einen bestimmten Betrag beschränkt werden, wobei das Abandonrecht dann nach § 28 I 1 gesetzlich ausgeschlossen ist. Andererseits ist bei einer unbeschränkten Nachschußpflicht eine Beschränkung des in § 27 I geregelten Abandonrechts auf den Fall möglich, daß die Nachschüsse über einen im Gesellschaftsvertrag festgesetzten Betrag hinausgehen, §§ 27 IV, 28 I 2. Bleiben die eingeforderten Nachschüsse unter diesem Betrag, so handelt es sich bei dieser Nachschußpflicht praktisch um eine beschränkte, für die die strengen Kaduzierungsvorschriften gem. §§ 28 I 2, 21 ff gelten.

Die Anwendung der §§ 21 bis 23 ist aber bei der beschränkten Nachschußpflicht nach § 28 I nicht zwingend, da der Gesellschaftsvertrag eine abweichende Regelung treffen kann, wie etwa die Einräumung eines Preisgaberechts an Stelle der strengen Kaduzierungshaftung oder die ausschließliche Zulassung einer Klage auf Einzahlung des eingeforderten Nachschusses.[112)]

Enthält der Gesellschaftsvertrag aber keine von § 28 I abweichenden Bestimmungen, so kann der den Nachschuß nicht leistende Gesellschafter nach Maßgabe des § 21 seines Geschäftsanteils und der bereits geleisteten Nachschüsse für verlustig erklärt werden. Er haftet der Gesellschaft gem. § 21 III sowohl für den Ausfall an dem jetzigen Nachschußbetrag als auch an allen zukünftigen Nachschußbeträgen sowie für rückständige und künftige Stammeinlageraten.[113)] Außerdem haften nach § 22 sämtliche Rechtsvorgänger des Ausgeschlossenen für Rückstände auf den eingeforderten Nachschuß.[114)] Bei erfolgloser Inanspruchnahme der Rechtsvorgänger kann die GmbH den Geschäftsanteil auch gem. § 23 veräußern, um so den rückständigen Betrag zu erlangen.

Wie schon beim allgemeinen Kaduzierungsverfahren wird die Gesellschaft auch bei einer Kaduzierung infolge verzögerter Einzahlung von Nachschüssen im Sinne des § 28 I selbst Rechtsträgerin des kaduzierten Geschäftsanteils. Der Rechtserwerb erfolgt gem. § 21 II 1 kraft Gesetzes und begründet nur eine zweckgebundene Inhaberschaft der GmbH am kaduzierten Geschäftsanteil. Denn auch im Rahmen des § 28 I hat der Erwerb des kaduzierten Geschäftsanteils für die Gesellschaft einen ganz bestimmten Zweck, nämlich die Neubesetzung der

---

112) Zur vertraglichen Gestaltungsfreiheit bei beschränkter Nachschußpflicht ausführlich Hachenburg-Goerdeler, § 28 Rdnr. 6.

113) Allg. M.: vgl. Hachenburg-Goerdeler, § 28 Rdnr. 4; Scholz-Emmerich, § 28 Rdnr. 3; Rowedder in Rowedder, GmbHG, § 28 Rdnr. 2; Meyer-Landrut/Miller/Niehus, GmbHG, §§ 26 - 28 Rdnr. 25.

114) Vgl. dazu Hachenburg-Goerdeler, aaO; Scholz-Emmerich, § 28 Rdnr. 4.

freigewordenen Gesellschafterstelle bei gleichzeitiger vollständiger Aufbringung des summenmäßig begrenzten Nachschußkapitals mittels der Haftungsvorschriften der §§ 21 - 23. Die zweckgebundene Inhaberschaft der Gesellschaft entspricht zudem der Interessenlage der an diesem besonderen Kaduzierungsverfahren Beteiligten.

Die GmbH kann bei einer beschränkten Nachschußpflicht ihrer Gesellschafter die jeweiligen Nachschüsse nur in der vertraglich festgesetzten Höhe einfordern, so daß ihr eine beliebige Ausdehnung des Nachschußkapitals verwehrt ist. Es liegt deshalb im Interesse der GmbH, daß ihr zumindest das vertraglich festgelegte Nachschußkapital auch tatsächlich zufließt. Diesem Interesse der Gesellschaft trägt das Gesetz in § 28 I Rechnung, indem es für den Fall der Nichteinzahlung des Nachschusses die entsprechende Anwendung einzelner Kaduzierungsvorschriften vorsieht. Mittels der Haftungsvorschriften der §§ 21 ff kann die GmbH mit ziemlicher Sicherheit den rückständigen Nachschußbetrag tatsächlich aufbringen.

Diese Sicherheit hat die GmbH andererseits bei der unbeschränkten Nachschußpflicht nicht, wo dem betroffenen Gesellschafter zwingend ein Abandonrecht gem. § 27 I eingeräumt wird, um ihn vor unübersehbaren Zahlungsverpflichtungen zu schützen. Bei der beschränkten Nachschußpflicht gem. § 28 I besteht ein derartiges Schutzbedürfnis nicht. Für den Gesellschafter ist es von vornherein erkennbar, bis zu welcher Höhe seine finanzielle Verpflichtung geht, so daß er bereits frühzeitig seine vermögensmäßigen Dispositionen dahingehend einstellen kann.

Daher überwiegt bei der Einforderung von Nachschüssen im Rahmen des § 28 I das Interesse der Gesellschaft an der vollständigen Aufbringung des vertraglich festgelegten Nachschußkapitals, das vom Gesetzgeber auch geschützt wird. Obwohl es nicht um die Aufbringung des Stammkapitals geht, kann die GmbH die Nachschüsse in der festgesetzten Höhe grundsätzlich wie eine Stammeinlage einfordern. Damit wird dieser Nachschuß kraft Gesetzes quasi zu einer weiteren Stammeinlage für die Gesellschafter. Jedoch wird die unterschiedliche gesetzgeberische Gewichtung bezüglich des Stammkapitals einerseits und des Nachschußkapitals andererseits auch bei § 28 I offenbar. Zum einen ist dort die Kaduzierung wegen der Nichtanwendbarkeit der §§ 24, 25 teilweise abgeschwächt[115], zum anderen ist das Kaduzierungsverfahren gem. § 28 I 1 dispositiv. Aus diesem Grund stellt die gesetzlich angeordnete Kaduzierung bei der beschränkten Nachschußpflicht auch keine unbillige Härte für den betroffenen Gesellschafter dar.

Festzuhalten bleibt, daß mangels abweichender Bestimmungen im Gesellschaftsvertrag sowohl das Kaduzierungsverfahren als auch die zweckgebundene Rechtsträgerschaft der GmbH am kaduzierten Geschäftsanteil im Rahmen einer beschränkten Nachschußpflicht interessengerecht ist.

Im Hinblick auf die weiteren rechtlichen Besonderheiten der Rechtsträgerschaft der GmbH am kaduzierten Geschäftsanteil kann auf die Ausführungen beim allgemeinen Kaduzierungsverfahren verwiesen werden, die für die Kaduzierung wegen Nichtzahlung des Nachschusses entsprechend gelten.[116]

---

115) Vgl. dazu Hachenburg-Goerdeler, § 28 Rdnr. 5.

116) Siehe dazu oben Gliederungspunkt B. II. 1. c) und d).

III. Die Einziehung (Amortisation) eines Geschäftsanteils gem. § 34 GmbHG und die Möglichkeit seines Erwerbes durch die GmbH

Das GmbH-Gesetz sieht in § 34 zwei Arten der Einziehung (Amortisation) eines Geschäftsanteils vor, die freiwillige Einziehung gem. § 34 I und die ohne Zustimmung des betroffenen Gesellschafters stattfindende sog. Zwangseinziehung gem. § 34 II. Für beide Einziehungsarten legt § 34 die formellen Voraussetzungen fest, ohne allerdings ihre Durchführung und Wirkung erschöpfend zu regeln.

Die Einziehung eines Geschäftsanteils bedeutet die Vernichtung des Geschäftsanteils sowohl unter Entzug der subjektiven Berechtigung seines Inhabers als auch unter Aufhebung des Anteils in seinem objektiven Bestand. Diese Rechtsfolge unterscheidet die Einziehung von dem bisher behandelten Erwerb eigener Anteile gem. § 33, von der Kaduzierung nach §§ 21 ff, 28 I, und von der Preisgabe eines Geschäftsanteils nach § 27, wo nur die mitgliedschaftliche Rechtsstellung des betreffenden Gesellschafters aufgehoben bzw. beschränkt wurde, während der Geschäftsanteil in seinem rechtlichen Bestand erhalten blieb.

Die Anteilsvernichtung vollzieht sich ihrerseits in einem mehraktigen Verfahren, dessen notwendige Bestandteile die vorausgegangene Willensbildung der Gesellschafter in der Gesellschafterversammlung (§ 46 Nr. 4) und die Mitteilung des Gesellschafterbeschlusses an den Betroffenen sind. Daneben kann im Einzelfall auch die Zustimmung des betroffenen Gesellschafters erforderlich sein.[1)]

Die eigentliche Einziehung ist dagegen eine einseitige empfangsbedürftige Willenserklärung der GmbH, die auf das Rechtsverhältnis zwischen Gesellschaft und Gesellschafter

---

1) Vgl. Hachenburg-Hohner, § 34 Rdnr. 3, 47; Scholz-H.P. Westermann, § 34 Rdnr. 4.

rechtsgestaltend einwirkt und damit ein Gestaltungsrecht der GmbH darstellt.[2)]
Im Rahmen des mehraktigen Einziehungsverfahrens stellt sich die Frage nach einem möglichen Erwerb eines eigenen Geschäftsanteils durch die GmbH zum einen bei der in der Praxis in der Regel vorkommenden entgeltlichen Einziehung gem. § 34 I und II, wo der Zeitpunkt des Eintritt der Anteilsvernichtung noch nicht abschließend geklärt ist. Daran knüpft sich zwangsläufig die Frage nach der rechtlichen Behandlung des einzuziehenden Geschäftsanteils bis zu seiner endgültigen Vernichtung.
Zum anderen ist zu untersuchen, ob die Neubildung eines Geschäftsanteils anstelle des eingezogenen Anteils ohne eine Kapitalerhöhung gem. §§ 55 ff zulässig ist, und wer als Rechtsträger dieses neugebildeten Geschäftsanteils in Betracht kommt.

1. Die Einziehung gegen Abfindungszahlung

a) Voraussetzungen der Einziehung gem. § 34 GmbHG

Der § 34 trifft keine Aussage darüber, ob die Gesellschaft bei der Einziehung ein Entgelt an den Inhaber des einzuziehenden Geschäftsanteils zu leisten hat. Insofern kann sowohl die freiwillige Einziehung gem. § 34 I als auch die Zwangseinziehung gem. § 34 II entgeltlich oder unentgeltlich erfolgen. Wird aber eine Abfindung gezahlt, so schreibt § 34 III unter Verweisung auf § 30 I zwingend vor, daß für die Abfindung kein stammkapitalerhaltendes Vermögen der Gesellschaft verwendet werden darf. Maßgebender Zeitpunkt für das

---

2) Allg. Meinung: vgl. Hachenburg-Hohner, aaO; Scholz-H.P. Westermann, aaO; Rowedder in Rowedder, GmbHG, § 34 Rdnr. 4; Lutter/Hommelhoff, GmbHG, § 34 Rdnr. 8; Roth, § 34 Anm. 5.1.; Sudhoff, S. 482; Niemeier, S. 89 m. w. N.

Vorliegen einer Unterbilanz ist derjenige der Auszahlung des Entgelts und nicht der Augenblick der Entstehung des Zahlungsanspruchs.[3] Ansonsten kann der Gesellschaftsvertrag mangels gesetzlicher Regelung die Art und Höhe der Abfindung, die Richtlinien der Anteilsbewertung bei der Berechnung des Entgelts und die Zahlungsmodalitäten umfassend regeln.[4] Jedoch braucht die Satzung weder bei freiwilliger Einziehung noch bei einer Zwangseinziehung eine Abfindungsregelung zu enthalten, so daß eine statutarische Abfindungsklausel keine Tatbestandsvoraussetzung für eine wirksame Einziehung darstellt.[5] Bei einer Einziehung mit Einverständnis des betroffenen Gesellschafters kann eine möglicherweise zu zahlende Abfindung zwischen der Gesellschaft und dem Gesellschafter anläßlich seiner Zustimmung zur Einziehung vereinbart werden.[6] Fehlen bei der Zwangseinziehung

---

3) BGHZ 9, 157 (169); Hachenburg-Hohner, § 34 Rdnr. 39; Scholz-H.P. Westermann, § 34 Rdnr. 44; Niemeier, S. 299 jeweils m. w. N.; Lutter/Hommelhoff, GmbHG, § 34 Rdnr. 6.

4) Zur Gestaltungsfreiheit bei gesellschaftsvertraglicher Abfindungsregelung im einzelnen Hueck in Baumbach/Hueck, GmbHG, § 34 Rdnr. 19 ff m. w. N.; vgl. auch Sudhoff, S. 472 ff.

5) So zu Recht die neuere Ansicht in der Literatur: Scholz-H.P. Westermann, § 34 Rdnr. 26; Hueck in Baumbach/Hueck, GmbHG, § 34 Rdnr. 18; Harst, GmbH-Rdsch 1987, 183 (184 f); Niemeier, S. 101 ff, 232 ff; ders., GmbH-Rdsch 1983, 161 (167 f); Sachs, GmbH-Rdsch 1974, 84 (88 f); 1976, 60 (62); 1978, 169 (171).
A. A. die bisher h. M.: OLG Hamburg NJW 1957, 1033; Hachenburg-Hohner, § 34 Rdnr. 36; Baumbach-Hueck, GmbHG, 13. Aufl., § 34 Anm. 2 B; Scholz, GmbHG, 5. Auflage, § 34 Rdnr. 4; Fischer, GmbHG, 10. Aufl., § 34 Anm. 2; Sudhoff, S. 480; A. Hueck, DB 1957, 37; Fichtner, BB 1966, 146 (147); Pleyer, GmbH-Rdsch 1960, 124 (126); Paulick, GmbH-Rdsch 1978, 121 (125 f); weitere Nachweise aus der älteren Literatur bei Niemeier, S. 232 Fn. 151.

6) Scholz-H.P. Westermann, § 34 Rdnr. 18; Hachenburg-Hohner, § 34 Rdnr. 12.

gem. § 34 II Regelungen über das für den eingezogenen Geschäftsanteil zu zahlende Entgelt, so steht dem betroffenen Gesellschafter grundsätzlich ein Abfindungsanspruch zum wirklichen Wert des Anteils zu.[7)] Dieser Anspruch auf vollwertige Abfindung findet seine rechtliche Grundlage in der entsprechenden Anwendung des § 738 I 2 BGB, der die allgemeine, rechtsformübergreifende gesetzliche Wertung zum Ausdruck bringt, daß der ausscheidende Gesellschafter grundsätzlich eine volle Entschädigung für den Verlust seiner Vermögensbeteiligung erhalten soll.[8)] Für das GmbH-Recht ist dieser Grundsatz ebenfalls allgemein anerkannt.[9)]
Soll die Zwangseinziehung jedoch unter dem wirklichen Wert des Geschäftsanteils oder gar ohne jede Abfindung erfolgen, so muß der Gesellschaftsvertrag diese vom Grundsatz abweichenden Bestimmungen festlegen.[10)]
Auch im Falle der Unwirksamkeit einer statutarischen Abfindungsklausel bleibt die weitere Einziehungsregelung im Gesellschaftsvertrag wirksam, da anstelle der unangemessenen

---

7) Lutter/Hommelhoff, GmbHG, § 34 Rdnr. 17; Scholz-H.P. Westermann, § 34 Rdnr. 19; Hueck in Baumbach/Hueck, GmbHG, aaO; Harst, GmbH-Rdsch 1987, 183 (184); Priester, GmbH-Rdsch 1981, 206 (210); Wolany, S. 92; Niemeier, S. 98 m. w. N.

8) So überzeugend Niemeier, S. 98 f. A. A. Scholz-H.P. Westermann, § 34 Rdnr. 19; Hachenburg-Schilling/Zutt, Anh § 15 Rdnr. 92; Sudhoff, S. 473, die vertreten, daß eine statutarische Einziehungsregelung bei fehlender Aussage über das Einziehungsentgelt nach dem Parteiwillen stets dahin eng auszulegen sei, daß im Zweifel nur eine entgeltliche Einziehung zum vollen Wert des Anteils gewollt sei.

9) Vgl. Niemeier, GmbH-Rdsch 1983, 161 (167) m. w. N.

10) Scholz-H.P. Westermann, § 34 Rdnr. 26; Niemeier, GmbH-Rdsch 1983, 161 (167).

eine angemessene Abfindung tritt.[11]
Während die gesellschaftsvertragliche Abfindungsregelung keine Wirksamkeitsvoraussetzung für die Einziehung ist, hat die Gesellschaft bei der Einziehung eines Geschäftsanteils gem. § 34 folgende Voraussetzungen zu beachten:
Zunächst bedarf sowohl die freiwillige als auch die zwangsweise Einziehung eines Geschäftsanteils ihrer Zulassung im Gesellschaftsvertrag.[12] Für die freiwillige Einziehung ist eine allgemeine Grundlage in der Satzung ausreichend. Demgegenüber müssen die Voraussetzungen für eine Zwangseinziehung gem. § 34 II zusätzlich im Gesellschaftsvertrag hinreichend bestimmt geregelt sein.[13]
Weiterhin ist für jede Art der Einziehung Voraussetzung, daß der Auszuschließende seine Stammeinlage vollständig geleistet hat. Aus dem Verbot des § 19 II folgt, daß die Einziehung eines nicht voll eingezahlten Geschäftsanteils unzulässig ist, da das Erlöschen des Einzahlungsanspruchs durch Vernichtung des Geschäftsanteils eine unzulässige Befreiung von der Stammeinlagenverpflichtung darstellen würde.[14]
Schließlich muß die Einziehung ordnungsgemäß durchgeführt werden. Zur Wirksamkeit der Einziehung ist ein Einziehungsbeschluß und sein Zugang an den betroffenen Gesellschafter

---

11) BGH GmbH-Rdsch 1984, 74 und BGH NJW 1977, 2316 (2317) jeweils als obiter dictum.

12) Scholz-H.P. Westermann, § 34 Rdnr. 5; Hachenburg-Hohner, § 34 Rdnr. 24; Hueck in Baumbach/Hueck, GmbHG, § 34 Rdnr. 3; Rowedder in Rowedder, GmbHG, § 34 Rdnr. 6; Niemeier, S. 126.

13) Vgl. zu den Anforderungen an die Satzungsformulierung bei § 34 II: Scholz-H.P. Westermann, § 34 Rdnr. 11 ff; sowie BGH GmbH-Rdsch 1978, 131 (132).

14) Vgl. Scholz-H.P. Westermann, § 34 Rdnr. 45; Sudhoff, S. 481; Niemeier, S. 291.

erforderlich. Nach herrschender Meinung[15] ist es nicht möglich, daß der Gesellschaftsvertrag die Einziehung bei Vorliegen gewisser Voraussetzungen als automatisch eingetreten bestimmt, sondern es ist in jedem Fall zusätzlich eine Willensbildung in der Gesellschaft notwendig. Die automatische Einziehung wird von den Vertretern der herrschenden Meinung als mit der Rechtsnatur der Einziehung - einseitige rechtsgeschäftliche Handlung der Gesellschaft - nicht vereinbar angesehen. Der Einziehungsbeschluß wird gem. § 46 Nr. 4 grundsätzlich von der Gesellschafterversammlung getroffen, jedoch kann in der Satzung abweichend vom Gesetz angeordnet sein, daß an Stelle der Gesellschafterversammlung ein anderes Organ, z. B. der Aufsichtsrat oder die Geschäftsführung, zur Einziehung ermächtigt ist (§ 45 II).[16]

b) Der Eintritt der Einziehungswirkungen bei der entgeltlichen Einziehung

Sind alle Voraussetzungen für eine wirksame Einziehung gem. § 34 gegeben, so treten die Wirkungen der Amortisation grundsätzlich mit der Bekanntgabe des Einziehungsbeschlusses an den Inhaber des einzuziehenden Geschäftsanteils ein. Der Geschäftsanteil geht unter, und zwar mit allen Rechten und Pflichten. Vernichtet werden auch eventuelle Rechte Dritter, z. B. der Nießbrauch oder ein Pfandrecht an dem Geschäftsanteil.[17] Andererseits bleiben Rechte und Pflichten, die bis zum Zeitpunkt der Wirksamkeit der Einziehung entstanden

---

15) Hachenburg-Hohner, § 34 Rdnr. 50; Meyer-Landrut/Miller/Niehus, GmbHG, § 34 Rdnr. 10, jeweils m. w. N.
A. A.: Däubler, S. 119 ff; Schuler, GmbH-Rdsch 1962, 114; Finger, GmbH-Rdsch 1975, 97 (98); wohl auch Scholz-H.P. Westermann, § 34 Rdnr. 43. Ausführlich zum Problem der statutarischen Einzichung Niemeier, S. 333 ff m.w.N.

16) Hachenburg-Hohner, § 34 Rdnr. 49; Scholz-H.P.Westermann, § 34 Rdnr. 35; Hueck in Baumbach/Hueck, GmbHG, § 34 Rdnr. 11; Sudhoff, S. 482.

17) Allg. Ansicht: vgl. Hachenburg-Hohner, § 34 Rdnr. 55; Scholz-H.P. Westermann, § 34 Rdnr. 59; Meyer-Landrut/Miller/Niehus, GmbHG, § 34 Rdnr. 11.

sind, wie Gewinnansprüche oder die Verpflichtung zu Nachschüssen, insoweit bestehen.[18] Die Einziehung hat auf die Ziffer des Stammkapitals keinen Einfluß. Es bleibt unverändert, wenn nicht gleichzeitig eine Kapitalherabsetzung gem. § 58 stattfindet.[19] Folglich stimmt nach der Einziehung die Gesamtsumme der Geschäftsanteile mit dem Gesamtbetrag des Stammkapitals nicht mehr überein. Die durch die Einziehung untergehenden Rechte und Pflichten des ausgeschlossenen Gesellschafters wachsen den übrigen Gesellschaftern anteilig zu.[20]

Es stellt sich aber die Frage, ob die Wirkungen der Amortisation, insbesondere die Anteilsvernichtung, auch bei der entgeltlichen Einziehung bereits mit der Bekanntgabe des Einziehungsbeschlusses eintreten, unabhängig davon, ob dem Inhaber des einzuziehenden Geschäftsanteils die ihm zustehende Abfindung gezahlt worden ist oder eine Abfindungszahlung unter Beachtung der §§ 34 III, 30 I überhaupt möglich ist.
Anders als bei einer unentgeltlichen Einziehung steht nämlich bei der Einziehung gegen Abfindungszahlung dem Interesse der Gesellschaft an einem möglichst sofortigen Wirksamwerden der Einziehung das Interesse des betroffenen Gesellschafters an einem gesicherten Abfindungsanspruch gegenüber.

---

18) Scholz-H.P. Westermann, § 34 Rdnr. 55; Hachenburg-Hohner, § 34 Rdnr. 54; Sudhoff, S. 486.

19) Allg. Meinung: vgl. Scholz-H.P. Westermann, § 34 Rdnr. 53; Hachenburg-Hohner, § 34 Rdnr. 56 m. w. N.

20) Vgl. dazu näher Scholz-H.P. Westermann, § 34 Rdnr. 57; Hachenburg-Hohner, § 34 Rdnr. 58; Niemeier, S. 96, 363 f.

aa) Der Interessenkonflikt bei der entgeltlichen Einziehung

In der Regel ist mit der entgeltlichen Einziehung eines Geschäftsanteils gem. § 34 I, II gleichzeitig auch ein Ausscheiden des betroffenen Gesellschafters aus der GmbH verbunden. Hierbei richtet sich das Ausschlußinteresse der Gesellschaft auf einen sofort mit Zugang der Einziehungserklärung wirksam werdenden Ausschluß des Betroffenen, unabhängig von einer bereits erbrachten oder noch ausstehenden Abfindungszahlung an den ausscheidenden Gesellschafter. Demgegenüber ergibt sich das Sicherungsinteresse des ausscheidenden Gesellschafters aus dem Umstand, daß er mit seinem Abfindungsanspruch nur eingeschränkt auf das Gesellschaftsvermögen zurückgreifen kann, nämlich nur, soweit ungebundenes Vermögen vorhanden ist (§§ 30 I, 34 III). Für den Fall des Eingreifens des Auszahlungsverbotes würde dem Ausscheidenden bei einem nicht weiter gesicherten Abfindungsanspruch das Risiko aufgebürdet werden, seinen Geschäftsanteil zu verlieren, ohne daß er seinen Anspruch auf die Gegenleistung wegen des im Gläubigerinteresse bestehenden Stammkapitalerhaltungsgebotes durchsetzen könnte. Eine bereits an ihn geleistete Abfindungszahlung müßte er der Gesellschaft zurückerstatten. Im Ergebnis könnte es für den Ausscheidenden somit auf einen entschädigungslosen Verlust seiner Gesellschafterposition hinauslaufen, wenn er sich mit seinem Abfindungsanspruch und der Hoffnung auf zukünftig vorhandene freie Reserven begnügen müßte. Vor einem gleichzeitigen Verlust von Geschäftsanteil und Abfindung muß der ausscheidende Gesellschafter jedoch sowohl bei der Zwangseinziehung als auch bei der freiwilligen Einziehung geschützt werden.[21)]
Gegen eine derartige Risikoverteilung zu Lasten des betrof-

---

21) Vgl. Niemeier, S. 318 f.

fenen Gesellschafters spricht auch die gesetzliche Regelung des § 33 II 3 beim verbotswidrigen Erwerb eigener Anteile. Dort hat der Gesellschafter zwar die an ihn geleisteten Zahlungen zurückzugewähren, jedoch nur Zug um Zug gegen die Rückübertragung des Geschäftsanteils.[22] Ein gleichzeitiger Verlust von Geschäftsanteil und Abfindung kann somit nicht eintreten. Ebenso darf der durch eine Einziehung ausscheidende Gesellschafter dem Eingreifen des Auszahlungsverbotes nicht derart ausgeliefert werden, daß er seinen Geschäftsanteil verliert und daneben auch den Risiken der zukünftigen Bilanzentwicklung ausgesetzt ist. Anderenfalls wäre eine freiwillige Einziehung immer nur unter Vorleistung der gesamten Abfindung durchführbar, da der Ausscheidende, um diese Risiken nicht tragen zu müssen, der Einziehung sonst nicht zustimmen würde. Eine sofortige Auszahlung des Entgelts liefe jedoch dem Interesse der Gesellschaft an einer möglichst langfristigen Abfindungszahlung entgegen und wäre darüberhinaus für sie kaum finanzierbar.[23]

Der dargestellte Interessenkonflikt zwischen dem Interesse des ausscheidenden Gesellschafters, seinen Geschäftsanteil nur gegen ein ihm dauernd verbleibendes Entgelt zu verlieren, und dem Interesse der Gesellschaft an einem möglichst sofortigen Wirksamwerden der Einziehung macht deutlich, daß bei der Frage nach dem Zeitpunkt der Anteilsvernichtung bei einer entgeltlichen Einziehung sowohl das Ausschlußinteresse der GmbH als auch das Sicherungsinteresse des Ausscheidenden angemessen berücksichtigt werden muß.

---

22) Vgl. Hueck in Baumbach/Hueck, GmbHG, § 33 Rdnr. 13 m. w. N.

23) Vgl. Scholz-H.P. Westermann, § 34 Rdnr. 49; Niemeier, S. 319.

Wie ein adäquater Interessenausgleich im einzelnen erreicht werden kann, ist in der Wissenschaft umstritten.

bb) Meinungsstand zum Eintritt der Anteilsvernichtung bei der entgeltlichen Einziehung

In diesem Zusammenhang werden zwei unterschiedliche Lösungsvorschläge diskutiert:

(1) Die Stammkapitalerhaltung als gesetzliche Bedingung der Anteilsvernichtung

Die heute bei der entgeltlichen Einziehung herrschende Meinung stellt sich auf den Standpunkt, daß der Geschäftsanteil nicht vernichtet werde, wenn dem ausscheidenden Gesellschafter seine ihm zustehende Abfindung wegen des Auszahlungsverbotes gem. §§ 34 III, 30 I nicht gezahlt werde oder werden könne.
Dieses Ergebnis gründet sich im einzelnen auf die zum Eintritt der Anteilsvernichtung bei einer entgeltlichen Einziehung getroffenen Entscheidung des Reichsgerichts vom 24.11.1933[24], die für die Auffassung der herrschenden Meinung grundlegend gewordene Überlegungen beinhaltet:
Zunächst komme es bei der Frage nach der Wirksamkeit des Einziehungsbeschlusses unter Berücksichtigung des § 30 I nicht auf die subjektive Überzeugung der Gesellschafterversammlung an, daß eine Entgeltzahlung an den betroffenen Gesellschafter ohne Eingriff in das stammkapitalerhaltende Gesellschaftsvermögen möglich sei. Vielmehr ergebe sich aus dem Sinn und Zweck des § 30 I[25], daß jedes Leistungsver-

---

24) RGZ 142, 286 ff.

25) Dazu grundlegend RGZ 133, 393 (395).

sprechen der Gesellschaft gegenüber einem ihrer Gesellschafter nur unter dem Vorbehalt wirksam sei, daß das Stammkapital im Zeitpunkt der Erfüllung dieses Versprechens nicht verkürzt werde.[26] Weil aber § 30 I über § 34 III auch für den Fall der entgeltlichen Einziehung eines Geschäftsanteils gelte, müsse man daraus konsequenterweise den Schluß ziehen, daß auch der Einziehungsbeschluß im Rahmen der entgeltlichen Einziehung nur unter der gesetzlichen Bedingung rechtswirksam gefaßt werden könne, daß die Auszahlung der Abfindung nicht gegen § 30 I verstoße.[27] Dem Standpunkt des Reichsgerichts, wonach der Einziehungsbeschluß in seiner Wirksamkeit von der zwingenden Rechtsbedingung[28] abhängt, daß im Augenblick der Entgeltzahlung genügend ungebundenes Gesellschaftsvermögen vorhanden ist, hat sich fast das gesamte Schrifttum angeschlossen.[29] Des weiteren fand diese sog. Bedingungskonstruktion ihre Bestätigung durch den Bundesgerichtshof: Sowohl die Verpflichtung der GmbH zur Abfindungs-

---

26) RGZ 142, 286 (290).

27) RGZ 142, 286 (290).

28) Vgl. zum Begriff der Rechtsbedingung Soergel-Knopp, Rdnr. 8 vor § 158; Staudinger-Dilcher, Vorbem. zu § 158 Rdnr. 19 ff; Larenz, AT § 25 I, S. 484.

29) Scholz, GmbHG, 5. Aufl., § 34 Rdnr. 6; Scholz-H.P. Westermann, § 34 Rdnr. 44, 49; Scholz-Winter, § 15 Rdnr. 126; Hachenburg-Hohner, § 34 Rdnr. 39; Schmidt in Hachenburg, GmbHG, 6. Aufl., § 34 Anm. 14; Lutter/Hommelhoff, GmbHG, § 34 Rdnr. 6; Hueck in Baumbach/Hueck, GmbHG, § 34 Rdnr. 24; Baumbach-Hueck, GmbHG, 13. Aufl., § 34 Anm. 3 A; Vogel, § 34 Anm. 8; Goutier/Seydel/Eser/Wolf, GmbH-Praxis, 1. Teil, § 34 Rdnr. 6; Sudhoff, S. 481; Fichtner, BB 1966, 146 (148); Haegele, GmbH-Rdsch 1972, 219 (221); Wolany, S. 90; Däubler, S. 120; Karow, S. 37; Jung, MittRhNotK 1969, 806 (845 f). Nur für die Zwangseinziehung Roth, § 34 Anm. 3.2.2., 5.3.

zahlung als auch die Anteilsvernichtung stehen gem. §§ 34 III, 30 I unter der gesetzlichen Bedingung, daß das Stammkapital erhalten bleibe.[30)]
Im Anschluß an dieses übereinstimmend getragene Ergebnis zum Verhältnis zwischen Einziehung und Abfindung stellt sich für die herrschende Meinung das Problem, daß infolge der Hinausschiebung der Einziehungswirkung ein Schwebezustand hervorgerufen wird, dessen Länge sich nach der Dauer des Abfindungsstreits richtet. Daher sehen sich die Vertreter der herrschenden Meinung mit der Frage konfrontiert, wie die Vermögens- und Mitverwaltungsrechte des ausscheidenden Gesellschafters für diese Zeit zu behandeln sind.
Einerseits wird vertreten, daß der betroffene Gesellschafter bis zum Vorliegen sämtlicher Voraussetzungen für eine wirksame Einziehung - wozu auch der Bedingungseintritt gehört - alle seine mitgliedschaftlichen Rechte und Pflichten behalte.[31)] Andererseits wird für den Zeitraum ab Zugang des Einziehungsbeschlusses bis zur Entgeltzahlung ein Ruhen aller mit dem einzuziehenden Geschäftsanteil verbundenen Rechte angenommen.[32)]

---

30) BGHZ 9, 157 (169, 173 f); BGHSt, DB 1956, 709.

31) Vgl. Scholz, GmbHG, 5. Aufl., § 34 Rdnr. 6, 11; Schmidt in Hachenburg, GmbHG, 6. Aufl., § 34 Anm. 14, 22; Haegele, aaO; W. Vogel, GmbH-Rdsch 1971, 132. Für die Wahrung der Rechte und Pflichten des betroffenen Gesellschafters während der Dauer des Einziehungsverfahrens auch Rowedder in Rowedder, GmbHG, § 34 Rdnr. 27.

32) Hachenburg-Hohner, § 34 Rdnr. 46; Scholz-H.P.Westermann, § 34 Rdnr. 51;

(2) Eintritt der Rechtswirksamkeit des Einziehungsbeschlusses unabhängig von einer Abfindungszahlung gem. §§ 34 III, 30 I GmbHG

Im Gegensatz zu der herrschenden Meinung, die mit der Bedingungskonstruktion einen adäquaten Interessenausgleich bei der entgeltlichen Einziehung erreichen will, wird eine auf dem Gedanken der Trennung von Anteilsvernichtung und Entgeltregelung aufbauende Lösung vertreten.

a) Die Trennung von Einziehungs- und Abfindungsprozeß

Zunächst trat bereits Becker[33] ganz allgemein und ohne die Schutzbedürftigkeit des ausscheidenden Gesellschafters weiter zu berücksichtigen für eine Trennung zwischen der Anteilsvernichtung einerseits und einer nach §§ 34 III, 30 I unzulässigen Abfindungszahlung andererseits ein. Danach scheide der betroffene Gesellschafter auch dann mit Zugang der Einziehungserklärung aus der GmbH aus, wenn die zur Entrichtung der Abfindung erforderlichen freien Mittel im Gesellschaftsvermögen nicht vorhanden seien. Der einmal gefaßte Einziehungsbeschluß bleibe wirksam, da er vom Auszahlungsverbot des § 30 I nicht berührt werde, jedoch dürfe die Gesellschaft auch in diesem Fall nicht das Stammkapital zur Entgeltzahlung angreifen.

Die Trennung von Anteilsvernichtung und Entgeltregelung, die im älteren Schrifttum nicht weiter vertreten wurde, ist erst

---

33) Becker, GmbH-Rdsch 1930, 567 (574 f).

in neuerer Zeit von der Literatur[34)] zunehmend aufgegriffen worden. Auch hat der Bundesgerichtshof in zwei neueren Entscheidungen zur Zwangseinziehung bzw. zum Ausschluß aus wichtigem Grund seinen Standpunkt zur Bedingungskonstruktion relativiert.[35)]

b) Der Lösungsvorschlag Niemeiers

Zur adäquaten Regelung des Konflikts zwischen dem Ausschlußinteresse der Gesellschaft und dem Sicherungsinteresse des Gesellschafters setzte sich insbesondere Niemeier[36)] kritisch mit dem Ansatzpunkt der herrschenden Meinung auseinander und entwickelte im Anschluß daran einen eigenen Lösungsvorschlag:

Zum einen sei es verfehlt, den Schutz des ausscheidenden Gesellschafters aus § 34 III, § 30 I herzuleiten, da sie zwingende Normen des GmbH-Gläubigerschutzes seien. Sie beträfen allein den Abfindungsanspruch des betroffenen Gesellschafters, dessen Erfüllung im Interesse der Gesellschaftsgläubiger nicht aus stammkapitalerhaltendem Gesellschaftsvermögen erfolgen könne. Dagegen berühre die Anteilsvernichtung einzig die Interessen des Gesellschafters, weshalb es nicht einzusehen sei, daß die Einziehung unter zwingendem Gesellschaftsgläubigerrecht stehen solle.[37)] Für einen gleich-

---

34) Sachs; GmbH-Rdsch 1974, 84 (88 f); 1976, 60 (62); 1978, 169 (171); ihm zustimmend Paulick, GmbH-Rdsch 1978, 121 (125 Fn. 49); Niemeier, S. 328; ders., GmbH-Rdsch 1983, 161 (168); einschränkend Rowedder in Rowedder, GmbHG, § 34 Rdnr. 18.

35) Vgl. BGH NJW 1977, 2316 (2317) und BGH GmbH-Rdsch 1984, 74 (75).

36) Niemeier, S. 322 ff, 329 ff.

37) Niemeier, S. 324 f.

zeitig in § 34 III mitenthaltenen Gesellschafterschutz spreche auf der anderen Seite weder die systematische Stellung des § 34 III noch sein objektiver Normzweck.[38)]
Gegen eine von der herrschenden Meinung vorgenommene Verkoppelung des Gesellschafterschutzes mit dem Gläubigerschutz lasse sich aber vor allem anführen, daß damit die Wirksamkeit der Anteilsvernichtung bis zum Zeitpunkt der Entgeltzahlung hinausgeschoben werde. Gerade in den nicht selten vorkommenden Fällen der Stundung des Abfindungsanspruchs auf einen Zeitraum von mehreren Jahren resultiere daraus eine für die Interessen der Beteiligten, insbesondere denen der Gesellschaft, unzumutbare Verzögerung der Einziehungswirkung, weil die endgültigen Beteiligungsverhältnisse und ein endgültiges Ausscheiden des Gesellschafters unter Umständen noch auf Jahre im Ungewissen blieben.[39)] Der so hervorgerufene Schwebezustand führe zu einer nicht hinnehmbaren Rechtsunsicherheit, die mit der Rechtsnatur der Einziehung als Gestaltungsakt nicht in Einklang stehe.[40)]
Zum anderen lasse die herrschende Meinung bei ihrer Lösung einige Fragen unbeantwortet:[41)]
So sei bislang unklar, ob es sich bei der fraglichen gesetzlichen Bedingung um eine aufschiebende oder auflösende Bedingung handle.[42)]

---

38) Niemeier, S. 325.

39) Niemeier, S. 326 f.

40) Niemeier, S. 328.

41) Vgl. zu weiteren Unklarheiten der herrschenden Meinung auch Harst, GmbH-Rdsch 1987, 183 (185 f).

42) Niemeier, S. 322 f.

Auch die Frage, welches Ereignis im einzelnen die Rechtsbedingung der Einziehung gem. § 34 III darstelle und die Vernichtung des Geschäftsanteils letztendlich auslöse, werde innerhalb der herrschenden Meinung nicht eindeutig beantwortet.[43]
Einerseits werde lediglich auf die Durchsetzbarkeit des Abfindungsanspruchs abgestellt, andererseits solle erst die tatsächliche Zahlung der Abfindung ohne Beeinträchtigung des Stammkapitals zur Vernichtung des Geschäftsanteils führen.[44]
Schließlich bestehe keine Klarheit darüber, ob die fragliche Rechtsbedingung auf den Zeitpunkt des Einziehungsbeschlusses zurück oder nur ex nunc wirke.[45]
Im Ergebnis sei die herrschende Theorie einer durch die wirksame Abfindung des betroffenen Gesellschafters bedingten Einziehung des Geschäftsanteils - abgesehen von den angesprochenen Unklarheiten - aus Gründen der Rechtssicherheit und Rechtsklarheit strikt abzulehnen. Vielmehr trete mit Zugang der Einziehungserklärung die endgültige Vernichtung des Geschäftsanteils ein, wobei als Rechtsfolge der Einziehung gleichzeitig der Abfindungsanspruch des Ausscheidenden zur Entstehung gelange. Nur dieser Abfindungsanspruch stehe unter dem gesetzlichen Vorbehalt der §§ 34 III, 30 I.[46] Der Schutz des betroffenen Gesellschafters vor einem wirtschaftlich wertlosen oder durch die wirtschaftliche Entwicklung der Gesellschaft gefährdeten Abfindungsanspruch sei dabei interessengerecht durch die Einräumung eines Auflösungsrechts des ausscheidenden Gesellschafters entsprechend § 135

---

43) Niemeier, S. 323 f.

44) Vgl. dazu im einzelnen die Nachweise bei Niemeier, aaO.

45) Niemeier, S. 324.

46) Niemeier, S. 328.

HGB i. V. m. § 61 GmbHG zu erreichen.[47]
Im einzelnen spreche für ein derartiges Auflösungsrecht des Inhabers eines eingezogenen Geschäftsanteils zum einen, daß seine Interessenlage mit der eines Gesellschafters, welcher die Auflösungsklage gem. § 61 betreibe, weitgehend ähnlich sei. Im Unterschied zu dem in § 61 geregelten Fall, daß ein mit seinem Geschäftsanteil kapitalmäßig an der GmbH beteiligter Gesellschafter die Gesellschaft bei Eintritt eines wichtigen Grundes i. S. d. § 61 I auflösen und so das investierte Kapital als Liquidationserlös zurückerhalten könne, sei bei dem durch die Einziehung ausgeschiedenen Gesellschafter das investierte Kapital in Gestalt der zu zahlenden Abfindung in der GmbH vorhanden. Im übrigen liege ebenfalls ein Grund zur Liquidation der GmbH vor, wenn der Abfindungsanspruch in der werbenden Gesellschaft nicht erfüllt werden könne.[48]
Zum anderen sei der dem § 135 HGB zugrundeliegende Gedanke, daß ein Gläubiger, dem der Zugriff auf das in der werbenden Gesellschaft gebundene Vermögen seines Schuldners verwehrt ist, nicht erst die reguläre Auflösung der Gesellschaft abwarten muß, sondern im Hinblick auf eine absehbare Zugriffsmöglichkeit selbst das Recht zur Kündigung der Gesellschaft hat, auch auf die Durchsetzung des durch § 30 beschränkten Abfindungsanspruchs anzuwenden.[49] Denn ohne eine eigene Auflösungsbefugnis hätte der ausgeschiedene Gesellschafter

---

47) Niemeier, S. 329 ff. Für ein Auflösungsrecht des Ausscheiden auch Hueck in Baumbach-Hueck, GmbHG, § 34 Rdnr. 24; vgl. auch Harst, GmbH-Rdsch 1987, 183 (186 Fn. 11); BGHZ 32, 17 (23).

48) Niemeier, S. 330.

49) Niemeier, S. 330 f.

mit dem Wert seines Geschäftsanteils wirtschaftlich noch die Stellung eines Gesellschafters, aber ohne Gesellschafterrechte, und wäre zugleich aber auch Gläubiger ohne Gläubigerrechte, nämlich ohne Zugriff auf das Gesellschaftsvermögen.[50)]
Das sofortige Ausscheiden des Betroffenen mit einem durch ein Auflösungsrecht entsprechend § 135 HGB i. V. m. § 61 GmbHG gesicherten Abfindungsanspruch ermögliche schließlich eine klare Trennung des Gesellschafters von der GmbH, ohne dabei wesentliche Interessen der Beteiligten zu verletzen:[51)]

Die Gesellschaft sei zwar vom Zeitpunkt der wirksamen Einziehung an mit der Auflösung bedroht und der Ausscheidende müsse sein Vermögen der Gesellschaft weiter als nutzbringendes und risikobehaftetes Kapital zur Verfügung stellen, ohne selbst Vermögens- und Mitverwaltungsrechte zu haben.
Andererseits werde im Interesse der Gesellschaft ein Schwebezustand und die damit verbundene Ungewißheit über ein wirksames Ausscheiden des Gesellschafters, seine weitere Beteiligung an der GmbH und das Wiederaufleben seiner mitgliedschaftlichen Rechte und Pflichten vermieden.[52)] Zudem stelle die Auflösung für die GmbH jedenfalls dann keine inadäquate Rechtsfolge dar, wenn für die Abfindung weder freies Gesellschaftsvermögen vorhanden sei noch die verbleibenden Gesellschafter willens oder in der Lage seien, die Liquidation durch Zuzahlungen oder Befriedigung des Ausgeschiedenen mit eigenen Mitteln abzuwenden. Denn dann zeige sich, daß die Gesellschaft nicht ohne das Geld, aber auch

---

50) Niemeier, S. 331; Vgl. auch Hachenburg-Ulmer, Anh. § 34 Rdnr. 30.

51) Vgl. Niemeier, S. 331 ff.

52) Niemeier, S. 332.

nicht ohne die Person des Ausgeschiedenen lebensfähig gewesen sei.[53]
Es finde auch keine einseitige Risikoverteilung zu Lasten des ausscheidenden Gesellschafters statt. Sein Abfindungsanspruch bemesse sich wertmäßig nach dem Tag der Einziehung und sei ertragsunabhängig zu verzinsen.[54] Das für ihn verbleibende Risiko einer derartigen Verschlechterung der wirtschaftlichen Verhältnisse der GmbH, daß der Liquidationserlös möglicherweise zu seiner Befriedigung nicht mehr ausreiche, träfe ihn auch dann, wenn er bis zum Ende des Abfindungsstreits Inhaber des Geschäftsanteils bliebe.[55]

cc) Kritik an den vertretenen Lösungsvorschlägen

Betrachtet man die beiden divergierenden Rechtsauffassungen zum Eintritt der Anteilsvernichtung bei der entgeltlichen Einziehung, so läßt sich folgendes feststellen:
Im Hinblick auf eine adäquate Regelung des Intessenkonflikts zwischen der Gesellschaft und dem ausscheidenden Gesellschafter läßt die herrschende Bedingungskonstruktion eine ausgewogene Interessenberücksichtigung vermissen. Mit der bedingten Anteilsvernichtung ist zwar der betroffene Gesellschafter ausreichend vor einem gleichzeitigen Verlust von Geschäftsanteil und Abfindung geschützt, da er bis zum Bedingungseintritt Inhaber des Geschäftsanteils bleibt. Jedoch wird damit das Ausschlußinteresse der GmbH an einem sofortigen Ausscheiden des Gesellschafters vernachlässigt.

---

53) Niemeier, S. 333 m. w. N.

54) Niemeier, S. 331 m. w. N.

55) Niemeier, S. 332.

Insbesondere die Annahme einer unveränderten Teilnahme des ausscheidenenden Gesellschafters an der Willensbildung der Gesellschaft[56] läßt einen einseitigen Interessenschutz zugunsten des Ausscheidenden erkennen. Wenn in diesem Zusammenhang teilweise von einem Ruhen der Vermögens- und Mitverwaltungsrechte während des Schwebezustandes ausgegangen wird[57], so ist dem entgegenzuhalten, daß sich ein ruhendes Mitgliedschaftsrecht in der Hand einer natürlichen Person, die noch die Gesellschafterposition innehat, kaum begründen läßt. So verwundert es nicht, daß die Vertreter dieser Ansicht bisher eine stichhaltige Begründung für ein Ruhen der Rechte des betroffenen Gesellschafters schuldig geblieben sind.

Ungeachtet dessen erscheint es bereits vom Grundsatz her nicht gerechtfertigt, die Inhaberschaft des ausscheidenden Gesellschafters am einzuziehenden Geschäftsanteil bis zur wirksamen Abfindungszahlung bestehen zu lassen, da sich die Einziehung gegen den Geschäftsanteil richtet und auf dessen Vernichtung abzielt. Dieser wichtige Aspekt bei der Einziehung eines Geschäftsanteils findet innerhalb der herrschenden Meinung zu wenig Beachtung, woraus ihre einseitige Interessenberücksichtigung resultiert.

Demgegenüber bemüht sich der von Niemeier vertretene Lösungsvorschlag um einen angemessenen Interessenausgleich. Einerseits entspricht die mit dem Zugang des Einziehungsbeschlusses wirksam werdende Anteilsvernichtung dem Ausschlußinteresse der GmbH. Andererseits wird mit der Zubilligung eines Auflösungsrechts für den Ausgeschiedenen seinem Interesse an einem gesicherten Abfindungsanspruch entsprochen, da er sich wegen seiner Entgeltforderung notfalls aus dem Liquidationserlös befriedigen kann.

---

56) Vgl. bereits Fn. 31 auf S. 98.

57) Vgl. bereits Fn. 32 auf S. 98.

Jedoch steht und fällt dieser Lösungsvorschlag mit dem Auflösungsrecht des ausgeschiedenen Gesellschafters, da sonst eine sofortige Anteilsvernichtung bei einer entgeltlichen Einziehung mit Rücksicht auf das schutzwürdige Interesse des Ausscheidenden, seinen Geschäftsanteil nur gegen ein ihm dauernd verbleibendes Entgelt zu verlieren, nicht vertretbar ist.

Indes ist es aber äußerst fraglich, ob sich ein Recht des bereits ausgeschiedenen Gesellschafters auf Erhebung der Auflösungsklage entsprechend § 135 HGB i. V. m. § 61 GmbHG begründen läßt.

Die von Niemeier angeführte weitgehende Ähnlichkeit der Interessenlagen des durch die Einziehung ausgeschiedenen Gesellschafters einerseits und des die Auflösungsklage gem. § 61 betreibenden Gesellschafters andererseits, reicht zur Begründung nicht aus. In § 61 II wird das Recht zur gerichtlichen Auflösungsklage ausdrücklich mit der Gesellschafterstellung verknüpft, d. h., nur die Gesellschafter sind im Rahmen des § 61 klagebefugt.[58] Zwar kann im Gesellschaftsvertrag die Höhe des für die Klage erforderlichen Mindeststammkapitals von 10 % gesenkt oder auch jedem einzelnen Gesellschafter die Klagebefugnis eingeräumt werden.[59] Aber einem nicht mehr an der Gesellschaft Beteiligten das Recht zur Auflösung der GmbH durch Urteil zuzubilligen, geht weit über die gesetzliche Regelung des § 61 hinaus und kann auch nicht als eine zulässige gesellschaftsvertragliche Erweiterung des § 61 angesehen werden.

---

58) Vgl. zur Klagebefugnis bei § 61 Schulze-Osterloh in Baumbach/Hueck, GmbHG, § 61 Rdnr. 14 f.

59) Vgl. Schulze-Osterloh in Baumbach/Hueck, GmbHG, § 61 Rdnr. 4 m. w. N.

Obwohl bereits in § 209 IV, V RegEGmbHG 1972[60] ein derartiges Auflösungsrecht für die Ausschließung eines Gesellschafters aus der GmbH geregelt ist, kann daraus in keiner Weise die Zulässigkeit des hier fraglichen Rechts auf Erhebung einer Auflösungsklage durch den Inhaber des eingezogenen Geschäftsanteils gefolgert werden. Der Gesetzgeber hat diese Regelung bis heute nicht übernommen, was deutlich macht, daß er das Auflösungsrecht eines Ausgeschiedenen nicht einfach übersehen hat, sondern es bewußt nicht einführen wollte.[61] Daher rechtfertigt § 61 weder direkt noch in entsprechender Anwendung das von Niemeier befürwortete außerordentliche Auflösungsrecht des durch Einziehung ausgeschiedenen Gesellschafters.

Ebenso hilft auch § 135 HGB nicht entscheidend weiter:

Es ist unzutreffend, aus § 135 HGB den allgemeinen Rechtsgedanken herauszulesen, daß jeder Gläubiger - sei es ein Privatgläubiger eines Gesellschafters oder ein Gesellschaftsgläubiger - nicht mehr abzuwarten brauche, bis die GmbH regulär aufgelöst werde, sondern vielmehr selbst ein Auflösungsrecht habe, um in absehbarer Zeit auf das gebundene Gesellschaftsvermögen zurückzugreifen, das bislang seinem Zugriff entzogen war.

In dieser Weise läßt sich die Regelung des § 135 HGB nicht verallgemeinern. Das dort geregelte Kündigungsrecht soll primär nur einem Privatgläubiger eines Gesellschafters überhaupt die Zugriffsmöglichkeit auf den Anteil seines Schuldners am Gesellschaftsvermögen eröffnen, da er im Gegensatz zu einem Gesellschaftsgläubiger nicht ohne weiteres

---

60) Regierungsentwurf eines GmbH-Gesetzes von 1972, BT-Drucksache Bd. 157, VI/3088.

61) Vgl. Ebke, ZHR 148 (1984), 497 (500).

in das Gesellschaftsvermögen vollstrecken kann.[62] Denn ihm stehen als pfändbare Ansprüche nur der Gewinnanteil oder das Auseinandersetzungsguthaben seines Schuldners zur Verfügung.[63] Über die Pfändung des Gewinnanteils erhält er aber weder den Zugriff auf das Gesellschaftsvermögen noch wird er damit allein hinreichende Befriedigung erlangen, und aus dem gepfändeten Auseinandersetzungsguthaben kann er sich erst nach Auflösung der Gesellschaft befriedigen. Weil aber die reguläre Auflösung häufig nicht abzusehen ist, gewährt § 135 HGB dem Privatgläubiger ein spezielles Kündigungsrecht, um ihm unter bestimmten Voraussetzungen einen baldigen Zugriff auf das Gesellschaftsvermögen zu ermöglichen. Daher ist § 135 HGB einzig auf die Interessenlage eines die Zwangsvollstreckung betreibenden Privatgläubigers eines Gesellschafters zugeschnitten. Für ein außerordentliches Kündigungsrecht eines Nichtgesellschafters läßt sich aus § 135 HGB jedoch kein allgemeiner Rechtsgedanke herleiten, so daß sich insbesondere das Auflösungsrecht des durch Einziehung ausgeschiedenen Gesellschafters nicht auf eine entsprechende Anwendung des § 135 HGB stützen kann.

Ist aber das Recht des Ausgeschiedenen auf gerichtliche Auflösung der Gesellschaft nicht mit der entsprechenden Anwendung der §§ 135 HGB, 61 GmbHG zu begründen, so folgt daraus weiter, daß die von Niemeier befürwortete sofortige Anteilsvernichtung mit Zugang der Einziehungserklärung bei der entgeltlichen Einziehung nicht mehr interessengerecht ist und damit auch sein Lösungsvorschlag insgesamt abgelehnt werden muß. Als Zwischenergebnis bleibt festzuhalten, daß danach weiterhin von der Hinausschiebung der Einziehungswirkung im Rahmen einer entgeltlichen Einziehung auszugehen ist.

62) Vgl. dazu Schlegelberger-Geßler, HGB, § 134 Rdnr. 4.

63) Vgl. Schlegelberger-Geßler, HGB; § 135 Rdnr. 1.

In diesem Zusammenhang stellt sich jedoch die Frage, ob eine bedingte Anteilsvernichtung bei der entgeltlichen Einziehung aus § 34 III, § 30 I zu begründen ist.
Der gegen diesen Ansatzpunkt der herrschenden Bedingungstheorie vorgebrachte Einwand, ein aus zwingenden Normen des GmbH-Gläubigerschutzes abgeleiteter Gesellschafterschutz sei ein verfehlter Ausgangspunkt[64], kann m. E. nicht erhoben werden. Jedem Gesellschafter, dessen Geschäftsanteil eingezogen wird, steht grundsätzlich ein Anspruch auf angemessene Abfindung zu, es sei denn, der Gesellschaftsvertrag sieht eine unentgeltliche Einziehung ausdrücklich vor.[65] Daraus folgt im Grundsatz eine systematische Verbundenheit zwischen der Einziehung des Geschäftsanteils und der Abfindung seines Inhabers dergestalt, daß der ausscheidende Gesellschafter seine Vermögensbeteiligung nicht ohne volle Entschädigung verlieren soll. Dies ist auch für das GmbH-Recht allgemein anerkannt.[66] Wenn nun § 34 III auf § 30 I verweist, so wird damit vorrangig dem zentralen Grundsatz der Stammkapitalerhaltung Rechnung getragen, da auch bei der Einziehung keine gebundenen Mittel des Gesellschaftsvermögens zur Entgeltzahlung an den betroffenen Gesellschafter verwendet werden dürfen.
Jedoch spricht sowohl die angeführte systematische Verbundenheit zwischen Einziehung und Abfindung als auch das bei der entgeltlichen Einziehung zu berücksichtigende Sicherungsinteresse des ausscheidenden Gesellschafters dafür, daß § 34 III daneben auch dem Ausscheidenden eine vollständige und ihm dauerhaft verbleibende Abfindung gewährleisten will.

---

64) Vgl. Niemeier, S. 324 ff.

65) Vgl. dazu die Ausführungen oben bei Gliederungspunkt B. III. 1. a).

66) Vgl. bereits Fn. 9 auf Seite 90.

Liegt nämlich eine nach § 30 I unzulässige Abfindungszahlung der GmbH vor oder steht von vornherein für das Entgelt kein ungebundenes Gesellschaftsvermögen zur Verfügung, so hat der Ausscheidende gem. § 31 zwingend die ihm zugeflossene Abfindung zu erstatten bzw. keinen durchsetzbaren Abfindungsabspruch gegen die Gesellschaft. Er daher läuft Gefahr, neben seinem Geschäftsanteil gleichzeitig auch seine Abfindung zu verlieren. Diese Rechtsfolge sieht das GmbH-Gesetz als nicht interessengerecht an, wie die Regelung des § 33 II 3 beweist.[67] Auch wenn der Gesetzgeber den Schutz des ausscheidenden Gesellschafters nicht ausdrücklich unter die §§ 34 III, 30 I gefaßt hat, so ist die von einer gem. § 30 I wirksamen Abfindungszahlung abhängige Anteilsvernichtung nach alledem nicht so fernliegend, daß sie ohne Spruch des Gesetzgebers nicht angenommen werden könnte. Eine dogmatische Unzulässigkeit des Ansatzpunktes der herrschenden Meinung ergibt sich daraus nicht. Die Bedenken, die gegen einen aus § 34 III, § 30 I hergeleiteten Schutz des Inhabers des einzuziehenden Geschäftsanteils erhoben werden, können somit nicht überzeugen.

Des weiteren richtet sich die Kritik gegen eine bedingte Ausübung der Einziehung als Gestaltungsakt:

Obwohl die Einziehung als gesellschaftsrechtlicher Gestaltungsakt nicht absolut bedingungsfeindlich sei[68], könne die Anteilsvernichtung jedoch nicht unter der aufschiebenden Rechtsbedingung stehen, daß das Stammkapitalerhaltungsgebot gewahrt bleibe. Die daraus resultierende Rechtsunsicherheit über das Ob und den Zeitpunkt der endgültigen Vernichtung des Geschäftsanteils sowie der entstehende Schwebezustand

---

67) Vgl. dazu die Ausführungen oben bei Gliederungspunkt B. III. 1. b) aa).

68) Vgl. dazu Niemeier, S. 344 f.

widersprächen dem Grundsatz der unbedingten Ausübung von Gestaltungsrechten.[69] Diese Ansicht geht im wesentlichen von dem Standpunkt aus, daß bei der Einziehung immer dann das Bedingungsverbot eingreife, wenn das Ereignis, auf dessen Eintritt die Einziehung bedingt vorgenommen werde, seiner Natur nach objektiv mit der Gefahr nachhaltiger Ungewißheit über die Vernichtung des Geschäftsanteils verbunden sei.[70] Sieht man bei der entgeltlichen Einziehung das die Anteilsvernichtung auslösende Ereignis richtigerweise in der Auszahlung des Einziehungsentgeltes unter Beachtung der §§ 34 III, 30 I[71], so entsteht beim betroffenen Gesellschafter in der Tat eine Ungewißheit über die Erbringung der Abfindung aus freiem Gesellschaftsvermögen, insbesondere dann, wenn man der Ansicht folgt, die ein Ruhen seiner Mitgliedschaftsrechte bis zum Bedingungseintritt annimmt. Trotz dieses gewissen Risikos des ausscheidenden Gesellschafters, der auf seine Abfindung warten muß, kann das Bedingungsverbot die von der herrschenden Meinung befürwortete Rechtsbedingung jedenfalls dann nicht ergreifen, wenn entweder die Dauer des Schwebezustandes begrenzt werden kann oder bereits vor Bedingungseintritt eine Rechtslage besteht, die der Rechtsstellung der verbleibenden Gesellschafter und des Ausscheidenden nach wirksamer Ausübung des Gestaltungsrechts weitgehend entspricht. Denn dann können nachhaltige Ungewißheiten weder bei der GmbH noch beim Be-

---

69) Niemeier, S. 328, 349.

70) Vgl. Niemeier, S. 345 f.

71) So ausdrücklich auch Hachenburg-Hohner, § 34 Rdnr. 46; Lutter/Hommelhoff, GmbHG, § 34 Rdnr. 6; Scholz-H.P. Westermann, § 34 Rdnr. 44, 49. Dagegen würde ein Abstellen auf die bloße Durchsetzbarkeit des bereits mit Zugang des Einziehungsbeschlusses fällig werdenden Abfindungsanspruchs einen effektiven Gesellschafterschutz nicht gewährleisten, sollte der Gesellschafter bereits zu diesem Zeitpunkt endgültig ausscheiden.

troffenen entstehen, da einerseits die Dauer des Schwebezustandes überschaubar wird, andererseits schon frühzeitig die Rechtswirkungen erzielt werden, die auch nach einer wirksam gewordenen Einziehung bestehen.
Eine mögliche Begrenzung des Schwebezustandes läßt sich durch ein dem Betroffenen zuzubilligendes Recht zur Fristsetzung mit Ablehnungsandrohung entsprechend § 326 BGB erreichen.[72]
Dann hat es der ausscheidende Gesellschafter selbst in der Hand durch Setzung einer angemessenen Zahlungsfrist den Schwebezustand und die damit verbundene Ungewißheit über die Anteilsvernichtung zu beenden. Mit wirksamer Entgeltzahlung scheidet er endgültig aus der Gesellschaft aus, ansonsten tritt er mit sämtlichen mitgliedschaftlichen Rechten und Pflichten wieder in die GmbH ein. Das Recht zur Fristsetzung entsprechend § 326 BGB ist dem ausscheidenden Gesellschafter mit Rücksicht auf seine Interessenlage auch ohne entsprechende Regelung in der Satzung einzuräumen.
Die mögliche Verkürzung des Schwebezustandes macht deutlich, daß die Rechtsbedingung der herrschenden Meinung nicht so ohne weiteres unter das bei der Einziehung zu beachtende Bedingungsverbot fällt. Darüber hinaus kann unter Zugrundelegung der Bedingungskonstruktion bereits vor Bedingungseintritt eine Rechtslage entstehen, die - abgesehen von der Anteilsvernichtung - faktisch den Beteiligungsverhältnissen innerhalb der GmbH und der Rechtsstellung des ausscheidenden Gesellschafters nach wirksamer Ausübung des Gestaltungsrechts entspricht und dabei sowohl das Ausschlußinteresse der GmbH als auch das Sicherungsinteresse des Ausscheidenden angemessen berücksichtigt.

---

72) So auch Harst, GmbH-Rdsch 1987, 183 (186).

dd) Die Rechtsträgerschaft der GmbH am einzuziehenden Geschäftsanteil vor Bedingungseintritt

Die angesprochene Rechtslage kann bei einer entgeltlichen Einziehung vor Bedingungseintritt nämlich dann entstehen, wenn die GmbH den einzuziehenden Geschäftsanteil mit Zugang des Einziehungsbeschlusses als eigenen Anteil i. S. d. § 33 erwirbt und diesen solange hält, bis entweder die Abfindungszahlung an den Ausscheidenden gem. §§ 34 III, 30 I erfolgt ist oder die Nichterbringbarkeit der Abfindung aus ungebundenen Mitteln feststeht. Abzugrenzen ist dieser Rechtserwerb der GmbH am einzuziehenden Geschäftsanteil zunächst von dem Erwerb eines Geschäftsanteils zwecks nachfolgender Einziehung, wie er bei der GmbH in der Satzung oder in den Vereinbarungen mit dem betroffenen Gesellschafter vorgesehen sein kann.[73] Ist dabei die Übertragung des Geschäftsanteils auf die Gesellschaft mit der weiteren, lediglich schuldrechtlichen Zweckbestimmung seiner späteren Einziehung ausdrücklich gewollt, so erwirbt die GmbH unter den Voraussetzungen der §§ 15, 33 einen eigenen Anteil.[74] Wird dieser Geschäftsanteil dann später eingezogen, richtet sich die Einziehung nicht gegen den bisherigen Inhaber des Anteils, sondern es liegt die Einziehung eines eigenen Geschäftsanteils der GmbH vor.[75]

---

73) Dazu ausführlich Niemeier, S. 86 f. Im Aktienrecht ist in § 237 I 1 AktG ein der Einziehung vorausgehender Erwerb der Aktie durch die Gesellschaft bei der nicht zwangsweisen Einziehung gesetzlich vorgeschrieben.

74) Niemeier, S. 87.

75) Zur Zulässigkeit und zu den Voraussetzungen der Einziehung eines eigenen Geschäftsanteils der GmbH vgl. Niemeier, S. 299 ff.

Demgegenüber tritt die hier zu behandelnde Rechtsträgerschaft der GmbH am einzuziehenden Geschäftsanteil im Rahmen der entgeltlichen Einziehung eines Geschäftsanteil des betroffenen Gesellschafters auf, so daß diese Einziehung von Anfang an keinen eigenen Geschäftsanteil der GmbH betrifft. Auch können diesem Rechtserwerb der Gesellschaft die §§ 15, 33 nicht entgegenstehen. Zum einen bleibt § 33 I immer gewahrt, da bereits die Einziehung des Anteils des ausscheidenden Gesellschafters nur dann erfolgen darf, wenn die auf ihn zu leistende Stammeinlage vollständig erbracht worden ist.[76] Zum anderen liegt ein unentgeltlicher Erwerb eines Geschäftsanteils vor, so daß eine gegen § 33 II 1 verstoßende Entgeltzahlung nicht eintreten kann. Schließlich handelt es sich nicht um die Übertragung eines Geschäftsanteils vom betroffenen Gesellschafter auf die Gesellschaft i. S. d. § 15.

Die Grundlage für die Entstehung dieser Rechtsträgerschaft der GmbH bildet vielmehr § 34 III, § 30 I, wo die Einhaltung des Stammkapitalerhaltungsgebotes als Wirksamkeitsvoraussetzung[77] des Einziehungsbeschlusses eine Verzögerung der Anteilsvernichtung hervorruft. Die Einziehung als Gestaltungsrecht der GmbH richtet sich aber direkt gegen den Geschäftsanteil und zielt auf dessen möglichst sofortige Vernichtung ab. Deshalb muß der betroffene Gesellschafter schon während des entstehenden Schwebezustandes so gestellt werden, als wäre sein Geschäftsanteil bereits mit Zugang des Einziehungsbeschlusses vernichtet worden. Da eine sofortige Anteilsvernichtung mit Rücksicht auf die schützenswerte Interessenlage des ausscheidenden Gesellschafters nicht eintritt, verbleibt einzig der Entzug seiner subjektiven Berechtigung am Ge-

---

76) Vgl. bereits Fn. 14 auf S. 91.

77) Für eine gesetzliche Wirksamkeitsvoraussetzung ausdrücklich Scholz-H.P. Westermann, § 34 Rdnr. 49.

schäftsanteil. Der betroffene Gesellschafter scheidet zwar mit dem Verlust seiner Inhaberschaft am einzuziehenden Geschäftsanteil auch aus seiner Gesellschafterposition aus, jedoch besteht der vormals ihm gehörende Geschäftsanteil fort. Im Hinblick auf die Herbeiführung der Beteiligungsverhältnisse innerhalb der Gesellschaft, die der Rechtsstellung der verbleibenden Gesellschafter nach wirksamer Einziehung entsprechen, läßt sich nur ein anschließender Rechtserwerb des einzuziehenden Geschäftsanteils durch die GmbH vertreten: Bei einer wirksamen Einziehung wachsen die mit dem eingezogenen Geschäftsanteil untergehenden mitgliedschaftlichen Rechte und Pflichten den übrigen Gesellschaftern anteilig zu.[78] Bei jedem verbleibenden Geschäftsanteil verstärken sich aufgrund der neuen Beteiligungsquote sowohl die Mitverwaltungsrechte, wie das Stimmrecht und die Minderheitsrechte, als auch die Vermögensrechte, wie der Gewinnanteil und die Liquidationsquote. Entsprechend erhöhen sich auch die Pflichten, die die Gesellschafter anteilig treffen, wie die Subsidiärhaftung gem. §§ 24, 31 III oder eine in der Satzung vorgesehene Nachschußpflicht.

Eine sich in gleichem Umfang ergebende Erhöhung der mitgliedschaftlichen Rechte und Pflichten der verbleibenden Gesellschafter erreicht man, wenn die GmbH den einzuziehenden Geschäftsanteil als eigenen Anteil i. S. d. § 33 mit Zugang des Einziehungsbeschlusses erwirbt. Dieser Erwerb eines eigenen Geschäftsanteils durch die Gesellschaft hat zur Folge, daß das in ihm verkörperte Mitgliedschaftsrecht für die Dauer der Rechtsträgerschaft ruht.[79] Die Ausübung der ruhenden Mitverwaltungs- und Vermögensrechte obliegt den verbleibenden Ge-

78) Dazu ausführlich Niemeier, S. 96, 363 f.

79) Vgl. oben Gliederungspunkt B. I. 4.

sellschaftern, wodurch sich ihre Beteiligungsverhältnisse anteilig um die Beteiligungsquote des eigenen Anteils der GmbH erhöhen.[80] Des weiteren ruhen auch die sich aus dem eigenen Gesellschaftsanteil ergebenden mitgliedschaftlichen Pflichten, so daß die GmbH nicht zur anteilmäßigen Erfüllung der während ihrer Rechtsträgerschaft fällig werdenden Pflichten herangezogen werden kann.[81] Die übrigen Gesellschafter tragen deshalb bei einer Subsidiärhaftung gem. §§ 24, 31 III anteilig den auf dem eigenen Anteil der GmbH ruhenden Ausfallhaftungsanteil.[82] Bezüglich des auf den eigenen Geschäftsanteil entfallenden Nachschußanteils ist jedoch der einzige Unterschied zwischen der Rechtslage nach Anteilsvernichtung und nach Anteilserwerb durch die GmbH festzustellen. Beim eigenen Geschäftsanteil der GmbH zählt dieser nämlich nur formell für die Berechnung der Nachschußgrenze mit. Der auf den eigenen Anteil der Gesellschaft entfallende Nachschußbetrag wird aber nicht auf die übrigen Gesellschafter umgelegt.[83] Diese unterschiedliche Behandlung der Nachschußpflicht beim Erwerb eines eigenen Anteils ist jedoch für die infolge der Rechtsinhaberschaft der GmbH am einzuziehenden Geschäftsanteil entstehende Rechtslage von geringer Bedeutung. Denn sollten einmal Nachschüsse während des Schwebezustandes erhoben werden, so ist es sachgerecht, daß die verbleibenden Gesellschafter neben der formellen Berücksichtigung des einzuziehenden Geschäftsanteils auch beschließen, den darauf entfallenden Nachschußbetrag anteilmäßig mitzutragen, da sie nach Fassung des Einziehungsbeschlusses mit der Vernichtung des Anteils und insofern auch mit einem Anwachsen

---

80) Vgl. oben Gliederungspunkt B. I. 5. b).

81) Vgl. oben Gliederungspunkt B. I. 5. c).

82) Siehe oben Gliederungspunkt B. I. 5. c) bb).

83) Siehe oben Gliederungspunkt B. I. 5. c) aa).

ihrer Rechte und Pflichten haben rechnen müssen. Abgesehen von diesem eher zu vernachlässigenden Unterschied, führt die Rechtsträgerschaft der GmbH am einzuziehenden Geschäftsanteil demnach bereits vor Bedingungseintritt die Beteiligungsverhältnisse innerhalb der GmbH herbei, die der Rechtsstellung der verbleibenden Gesellschafter nach einer wirksamen Einziehung entsprechen.

An dieser Stelle wird deutlich, daß die Annahme einer Rechtsträgerschaft der GmbH am einzuziehenden Geschäftsanteil eine der Einziehung als Gestaltungsakt widersprechende Hinausschiebung der Einziehungswirkung weitgehend kompensieren kann und den Nichteintritt der mit der Einziehung verbundenen Rechtswirkungen auf das beschränkt, was unbedingt für den Schutz des Ausscheidenden notwendig ist. Dies ist einzig die Verzögerung der endgültigen Anteilsvernichtung.[84)] Denn trotz des Ausscheidens infolge des Verlustes seiner subjektiven Inhaberstellung am einzuziehenden Geschäftsanteil ist der ausgeschiedene Gesellschafter hinreichend geschützt. Der sich nunmehr in der Hand der Gesellschaft befindliche Geschäftsanteil wird erst dann vernichtet, wenn ihm das Abfindungsentgelt unter Beachtung des § 30 I ausgezahlt worden ist. Insofern hat die Rechtsbedingung gem. §§ 34 III, 30 I aufschiebenden Charakter. Kann dagegen die Gesellschaft das Einziehungsentgelt nicht in zulässiger Weise aufbringen und steht das Fehlschlagen der gesamten Abfindungszahlung damit fest, so verliert die GmbH die Inhaberschaft am einzuziehenden Geschäftsanteil. Die Rechtsbedingung, die den ausgeschiedenen Gesellschafter vor dem Risiko des gleichzeitigen Verlustes von Geschäftsanteil und Abfindung schützen will, steht jetzt auch dem Entzug seiner subjektiven Berechtigung am Geschäfts-

---

84) Entsprechend gehen die an dem Geschäftsanteil bestehenden Rechte Dritter erst mit der endgültigen Anteilsvernichtung unter.

anteil entgegen: Kann der Ausgeschiedene nicht wirksam abgefunden werden, so verliert er auch nicht endgültig seinen Geschäftsanteil. Daraus folgt, daß der Verlust seiner Inhaberschaft am einzuziehenden Geschäftsanteil durch die Rechtsbedingung auflösend bedingt ist, er somit seinen Geschäftsanteil zurückerhält, wenn die gesetzliche Wirksamkeitsvoraussetzung der Einziehung gem. § 34 III, § 30 I nicht mehr eintreten kann.

Erhält der Ausgeschiedene seinen Geschäftsanteil zurück, so tritt er wieder in die Gesellschaft ein und seine mitgliedschaftlichen Rechte und Pflichten stehen ihm ab diesem Zeitpunkt wieder zu. Ein Ausgleich bezüglich der zwischenzeitlich auf den Geschäftsanteil angefallenen vermögensrechtlichen Rechte und Pflichten findet jedoch nicht statt.[85] Die während der Rechtsträgerschaft der GmbH für den einzuziehenden Geschäftsanteil entstandenen vermögensrechtlichen Ansprüche sind den verbleibenden Gesellschaftern zugeflossen. Ebenso treffen ihn aufgrund der besonderen Behandlung der ruhenden vermögensrechtlichen Pflichten beim eigenen Anteil der GmbH nur die Pflichten, die nach seinem Wiedereintritt begründet werden.[86] Zudem wird der betroffene Gesellschafter mit seinem Ausscheiden nach Zugang des Einziehungsbeschlusses aus dem normalen Unternehmensrisiko entlassen, so daß der zwischenzeitliche Verlust seiner Mitverwaltungs- und Vermögensrechte sowie seiner Pflichten schon aus diesem Grund als gerechtfertigt anzusehen ist. Mit dieser klaren Trennung werden für die Dauer des Schwebezustandes Rechtsunklarheiten und -unsicherheiten bezüglich der Beteiligungverhältnisse innerhalb der GmbH ausgeräumt. Daß der ausgeschiedene Gesellschafter in der Zwischenzeit sein Vermögen weiterhin der Gesell-

---

85) Anders Scholz-H.P. Westermann, § 34 Rdnr. 51 a. E.

86) Siehe oben Gliederungspunkt B. I. 6. nach Fn. 97.

schaft als nutzbringendes und risikobehaftetes Kapital hat zur Verfügung stellen müssen, bedeutet indes keine ungerechtfertigte Risikoverteilung zu seinen Lasten:[87]

Angesichts des weitgehenden Eintritts der Einziehungswirkungen infolge der Rechtsträgerschaft der GmbH am einzuziehenden Geschäftsanteil ist dementsprechend auch die Berechnung des Wertes des Abfindungsanspruchs auf den Zeitpunkt des Zuganges des Einziehungsbeschlusses zu beziehen. Denn wäre der Geschäftsanteil des betroffenen Gesellschafters mit Zugang des Einziehungsbeschlusses sofort vernichtet worden, so hätte für die Wertberechnung des Entgeltes ebenfalls auf diesen Zeitpunkt abgestellt werden müssen.[88] Sein Abfindungsanspruch ist zudem ertragsunabhängig zu verzinsen.[89]

Die Annahme einer Rechtsträgerschaft der GmbH vor Bedingungseintritt wird aber nicht nur dem Sicherungsinteresse des ausscheidenden Gesellschafters gerecht sondern berücksichtigt auch das Ausschlußinteresse der Gesellschaft. Obwohl der Geschäftsanteil mit Zugang des Einziehungsbeschlusses nicht sofort vernichtet wird, scheidet der betroffene Gesellschafter bereits zu diesem Zeitpunkt aus der Gesellschaft aus. Neben einer sofortigen Trennung von dem Gesellschafter werden während des Schwebezustandes klare Beteiligungsverhältnisse innerhalb der GmbH herbeigeführt, was beides im Interesse der GmbH liegt. Für die bilanzmäßige Behandlung des einzuziehenden Geschäftsanteils bis zum Bedingungseintritt gilt folgendes:

---

87) Ebenso vom Standpunkt des sofortigen Ausscheidens Niemeier, S. 331 f; vgl. auch Scholz-H.P. Westermann, § 34 Rdnr. 50.

88) Vgl. Niemeier, S. 331.

89) Niemeier, aaO.

Die Gesellschaft hat den Geschäftsanteil unentgeltlich erworben. Das Einziehungsentgelt soll nämlich nicht im Hinblick auf diesen Rechtserwerb als Gegenleistung gezahlt werden. Vielmehr dient die Abfindung dem Ausgeschiedenen als Ausgleich für den endgültigen Verlust seiner Vermögensbeteiligung an der GmbH. Insofern gelten die Grundsätze für die Bilanzierung eines unentgeltlich erworbenen eigenen Geschäftsanteils, d. h. für die GmbH besteht eine Aktivierungsbefugnis, nicht aber eine Aktivierungspflicht.[90] Entschließt sie sich zur Bilanzierung, so ist der einzuziehende Geschäftsanteil gem. §§ 266 II Aktivseite B III Nr. 2, 274 IV HGB in die Bilanz aufzunehmen, beispielsweise mit der Bezeichnung "gegen Abfindungszahlung einzuziehender Geschäftsanteil".
Die ebenfalls für den unentgeltlich erworbenen eigenen Anteil gem. § 33 II 1 i. V. m. § 274 IV HGB zu bildende Rücklage darf nur aus ungebundenen Mitteln des Gesellschaftsvermögens entnommen werden. Insoweit kann die Bilanzierung des einzuziehenden Geschäftsanteils auch zu einer Verbesserung des Individualschutzes des Ausscheidenden beitragen, da ihm damit eine sichere Beurteilungsmöglichkeit über die Aufbringung seiner Abfindung aus ungebundenem Vermögen der Gesellschaft verschafft wird.

Mit der Modifizierung, daß die Rechtsbedingung gem. §§ 34 III, 30 I nur die endgültige Anteilsvernichtung hinausschiebt und die GmbH gleichzeitig den einzuziehenden Geschäftsanteil bis zum Bedingungseintritt erwirbt, kann der herrschenden Bedingungstheorie das Bedingungsverbot bei gesellschaftsrechtlichen Gestaltungsakten im Rahmen der entgeltlichen Einziehung nicht mehr entgegengehalten werden. Enthält die Satzung

---

90) Hachenburg-Hohner, Ergbd., § 33 Rdnr. 66; Adler-Düring-Schmaltz, § 153 Rdnr. 52 m. w. N.

keine Bestimmung über die Entgeltauszahlung und die Rechtswirksamkeit des Einziehungsbeschlusses, so gewährleistet diese Lösung eine adäquate Regelung des Konflikts zwischen Sicherungsinteresse des Gesellschafters und Ausschlußinteresse der Gesellschaft. Für die Praxis empfielt sich aber eine ausdrückliche gesellschaftsvertragliche Regelung dahingehend, daß zunächst das Einziehungsentgelt sofort mit Zugang des Einziehungsbeschlusses fällig zu stellen und der Gesellschaft ein Stundungsrecht einzuräumen ist, falls sie eine Bankbürgschaft stellt oder die verbleibenden Gesellschafter die persönliche Haftung für die Abfindungszahlung übernehmen. Daran anknüpfend ist dann im Falle einer erfolgten Stundung die sofortige Rechtswirksamkeit des Einziehungsbeschlusses festzuschreiben.[91)]

2. Die Neubildung eines Geschäftsanteils anstelle des eingezogenen ohne Kapitalerhöhung

a) Einführung und Problemstellung

Wird bei der wirksamen Einziehung eines Geschäftsanteils nicht gleichzeitig auch eine Stammkapitalherabsetzung durchgeführt, so fallen anschließend die Stammkapitalziffer und die Summe der Nennbeträge der verbleibenden Geschäftsanteile um den Nennbetrag des eingezogenen Anteils auseinander. Eine Angleichung durch eine automatische Herabsetzung des Stammkapitals findet bei der Einziehung nicht statt, weil dadurch einerseits die für den Fall der Kapitalherabsetzung bestehenden strengen Vorschriften des § 58 umgangen werden könnten, andererseits das GmbH-Gesetz in § 5 III 3 nur verlangt, daß

---

91) So der beachtenswerte Formulierungsvorschlag von Harst, GmbH-Rdsch 1987, 183 (186).

bei der Gründung das Stammkapital mit der Summe der Stammeinlagen übereinstimmen muß.[92] Entsprechend verändern sich auch nicht die Nennwerte der übrigen Geschäftsanteile. Die mitgliedschaftlichen Rechte und Pflichten der verbleibenden Gesellschafter erhöhen sich zwar materiell anteilig um die Beteiligungsquote des eingezogenen Geschäftsanteils, ein anteiliges formelles Anwachsen der Nennwerte ihrer Geschäftsanteile um den Nennbetrag des vernichteten Anteils tritt jedoch nicht in Form einer automatischen Nennwertanpassung ein.[93] Jedoch kann eine Berichtigung der Nennwerte der verbleibenden Geschäftsanteile mittels eines sogenannten Aufstockungsbeschlusses erfolgen.[94] Damit werden die Nennbeträge der Geschäftsanteile der unverändert gebliebenen Ziffer des Stammkapitals angepaßt. Es handelt sich hierbei um eine rein formelle Satzungsänderung[95], die von der Gesellschafterversammlung mit der Mehrheit des § 53 II zu beschließen ist.[96] Bei dieser nominellen Anpassung ist weiterhin die Bestimmung des § 5 III 2 zu beachten, wonach die neu ausgewiesenen Nennwerte

---

92) Vgl. die ausführliche Darstellung bei Niemeier, S. 357 ff m. w. N.

93) Eingehend dazu Niemeier, S. 360 ff m. w. N.

94) Heute allgemein anerkannt: BFH 85, 90 (92); FG Rheinland-Pfalz, EFG 1965, 282; bestätigt durch BFH 99, 74 (75); Hachenburg-Hohner, § 34 Rdnr. 61; Hueck in Baumbach/Hueck, GmbHG, § 34 Rdnr. 16; Scholz-H.P. Westermann, § 34 Rdnr. 58; Rowedder in Rowedder, GmbHG, § 34 Rdnr. 33; Meyer-Landrut/Miller/Niehus, GmbHG, § 34 Rdnr. 11; Niemeier, S. 364; Hohner in FS für Barz, S. 147 (165); Thiel, GmbH-Rdsch 1961, 49 (50).

95) So Niemeier, S. 364 f; Hachenburg-Hohner, aaO; Scholz-H.P. Westermann, aaO; zweifelnd BGH GmbH-Rdsch 1988, 337 (338), der in der späteren Nennwertanspassung eher keine beurkundungspflichtige Satzungsänderung sieht.

96) Rowedder in Rowedder, GmbHG, aaO.

durch 100 teilbar sein müssen.[97] Daraus können sich im Einzelfall Schwierigkeiten bei der Nennwertaufstockung ergeben, da die Stückelungsvorschrift des § 5 III 2 nicht immer eine vollkommen relationsgerechte Anpassung der Nennwerte der Geschäftsanteile an die Stammkapitalziffer zulassen wird. Deshalb wird zunehmend die Möglichkeit der Neubildung eines Geschäftsanteils anstelle des eingezogenen im Rahmen des bestehenden Stammkapitals diskutiert, um die tatsächliche Angleichung der Nennwerte der Geschäftsanteile an die Stammkapitalziffer zu erreichen. Im Mittelpunkt der Diskussion steht das Problem der Zulässigkeit einer solchen Neubildung. Daran anschließend stellt sich die Frage nach dem Rechtsträger des neugebildeten Geschäftsanteils.

b) Die Zulässigkeit der Bildung eines neuen Ersatzanteils

Gegen die Zulässigkeit der Neubildung eines Geschäftsanteils anstelle des eingezogenen ohne Kapitalerhöhung wird überwiegend eingewendet, daß nach dem geltenden GmbH-Recht neue Anteile nur bei Gründung einer GmbH oder bei einer Kapitalerhöhung gebildet werden könnten. Deshalb sei nach Einziehung des Geschäftsanteils die Bildung eines neuen Anteils nur mittels Herabsetzung und anschließender Heraufsetzung des Stammkapitals möglich.[98]

---

97) Niemeier, S. 366 m. w. N.

98) BFH 95, 537 (540); FG Rheinland-Pfalz, EFG 1965, 282; Scholz, GmbHG, 5. Aufl., § 34 Rdnr. 16; Baumbach-Hueck, GmbHG, 13. Aufl., § 34 Anm. 3 B; Brodmann, § 34 Anm. 1; Vogel, § 34 Anm. 3; Eder in GmbH-Handbuch I, Rz. I 362.1; Hohner in FS für Barz, S. 147 (165 Fn. 45); Hösel, DNotZ 1958, 5 (15); Wolany, S. 93; Paulick, GmbH-Rdsch 1978,

Auch führe die Vernichtung des Geschäftsanteils zu einer Erhöhung der Beteiligungsquote der verbleibenden Gesellschafter, die weder unter der auflösenden Bedingung einer Neubildung stehe, noch den Gesellschaftern durch Mehrheitsbeschluß oder durch eine Maßnahme der Geschäftsführung wieder entzogen werden könne.[99)]

Sowohl das Ergebnis wie auch die Begründung dieser Rechtsauffassung überzeugen indes nicht:
Bereits von Godin[100)] hat zutreffend den Nachweis dafür erbracht, daß sich die Neubildung eines Geschäftsanteils anstelle des eingezogenen auch ohne die Kombination von Kapitalherabsetzung und Kapitalheraufsetzung erreichen und mit den tragenden Grundsätzen des GmbH-Gesetzes vereinbaren lasse. Ihm sind sowohl das Kammergericht[101)] als auch ein Großteil der Literatur[102)] gefolgt.

---

121 (125 Fn. 48); Buchwald, GmbH-Rdsch 1959, 68; Beuck, GmbH-Rdsch 1961, 123 (125); gegen die Neubildung ohne Erhöhung des Stammkapitals auch Fichtner, BB 1966, 146 (148); Mangold, DJ 1943, 179 und DJ 1944, 20.

99) Baumbach-Hueck, GmbH, 13. Aufl., aaO; Scholz, aaO; Hösel, aaO.

100) V. Godin, DJ 1943, 131 ff.

101) KG DJ 1943, 435.

102) Heim, DR 1944, 320 (321 f); Gonnella, GmbH-Rdsch 1962 253 (253 f); Schmidt in Hachenburg, GmbHG, 6. Aufl., § 34 Anm. 30; Schilling in Hachenburg, GmbHG, 6. Aufl., § 15 Anm. 3 a. E.; Hachenburg-Hohner, § 34 Rdnr. 60 ff; Scholz-Winter, § 14 Rdnr. 4 a. E.; Scholz-H.P. Westermann, § 34 Rdnr. 61; Hueck in Baumbach/Hueck, GmbHG, § 34 Rdnr. 16; Roth, § 34 Anm. 5.4.; Meyer-Landrut/Miller/Niehus, GmbHG, § 34 Rdnr. 11; Bartl-Henkes, § 34 Rdnr. 374; Goutier/Seydel/Eser/Wolf, GmbH-Praxis, 1. Teil, § 34 Rdnr. 22; Sudhoff, S. 484 f; Niemeier, S. 368; mit Einschränkung zustimmend Rowedder in Rowedder, GmbHG, § 34 Rdnr. 34.

Im Anschluß an von Godin wird zu Recht geltend gemacht, daß die Neubildung dem Grundsatz der Erhaltung des Stammkapitals nicht widerspreche, da sich die Haftungsgrundlage der GmbH nicht zuungunsten der Gesellschaftsgläubiger verändere.[103)] Die GmbH ist vielmehr in der Lage, ihrem Gesellschaftsvermögen neue Mittel zuzuführen, da sie den neugebildeten Geschäftsanteil an einen Dritten verkaufen kann. Zudem ist der Beitritt eines neuen Gesellschafters für die Gläubiger im Hinblick auf eine mögliche Ausfallhaftung gem. §§ 24, 31 III von Vorteil.[104)]

Auch kann gegen die Zulässigkeit der Neubildung eines Geschäftsanteils anstelle des eingezogenen ohne Kapitalerhöhung nicht vorgebracht werden, ein Geschäftsanteil könne nur durch Übernahme einer Stammeinlage entstehen, was nach dem Gesetz nur bei Gründung (§ 14) oder Kapitalerhöhung (§ 55 I) möglich sei.
Zum einen kann die Verknüpfung des Nennbetrages eines Geschäftsanteils mit einer übernommenen Stammeinlage nicht als zwingender Rechtsgrundsatz angesehen werden, wie das Verfahren bei der Kapitalerhöhung aus Gesellschaftsmitteln zeigt.[105)] Nach § 6 I KapErhG erfolgt die Kapitalerhöhung aus Gesellschaftsmitteln entweder mittels Erhöhung der Nennbeträge der alten Geschäftsanteile oder durch Bildung neuer Geschäftsanteile. In beiden Fällen leisten die Gesellschafter auf diese Geschäftsanteile jedoch keine Einlage, da jeweils nur Rücklagen in Stammkapital umgewandelt werden.

---

103) V. Godin, DJ 1943, 131 (132); ebenso auch Hachenburg-Hohner, § 34 Rdnr. 62; Gonnella, GmbH-Rdsch 1962, 253; Niemeier, aaO.

104) So Niemeier, S. 368 Fn. 143.

105) V. Godin, aaO; Gonnella, aaO; Niemeier, S. 368.

Zum anderen bleibt auch bei der Neubildung der erwähnte Grundsatz gewahrt, da dem neugebildeten Geschäftsanteil die Stammeinlage des eingezogenen zugrunde liegt, deren Nennbetrag noch im Betrag des Stammkapitals enthalten ist.[106)]

Stehen der Neubildung eines Geschäftsanteils anstelle des eingezogenen einerseits keine dogmatischen Bedenken entgegen, so sprechen andererseits nicht zuletzt auch wirtschaftliche Bedürfnisse für ihre Zulassung[107)]: Mit der Neuaufnahme eines Gesellschafters kann die Gesellschaft den infolge der Entgeltzahlung an den ausgeschiedenen Gesellschafter eingetretenen Eigenkapitalabfluß im Rahmen des bestehenden Stammkapitals schnell und unkompliziert wieder ausgleichen. Damit wird die Vernichtung des ursprünglichen Anteils aber nicht revidiert. Doch steht es den verbleibenden Gesellschaftern frei, per Gesellschafterbeschluß[108)] die ihnen angewachsenen Rechte und Pflichten in einem neuen Geschäftsanteil zu vereinen. Es sind keine Gründe ersichtlich, warum dies nicht zulässig sein soll, zumal den Gesellschaftern keine Rechte genommen werden, für die sie besondere vermögensrechtliche Opfer erbracht haben. Eine persönliche Haftung der Gesellschafter für die Abfindung besteht nicht.[109)]

---

106) So Niemeier, aaO; Gonnella, aaO.

107) So insbesondere auch Niemeier, S. 366 f; Hachenburg-Hohner, aaO; Gonnella, aaO.

108) Bei der Neubildung eines Geschäftsanteils ist in entsprechender Anwendung des § 46 Nr. 4 ein Gesellschafterbeschluß erforderlich, vgl. Hachenburg-Hohner, § 34 Rdnr. 63; Gonnella, GmbH-Rdsch 1962, 253 (254). Umstr. ist lediglich, mit welcher Mehrheit dieser Beschluß zu fassen ist. Dazu ausführlich Niemeier, S. 369 ff.

109) Vgl. dazu Scholz-H.P. Westermann, § 34 Rdnr. 61.

Demgegenüber erweist sich eine ebenfalls mögliche Stammkapitalherabsetzung nach § 58 um den Nennbetrag des eingezogenen Geschäftsanteils verbunden mit einer anschließenden Kapitalerhöhung nach § 55 auf den ursprünglichen Betrag des Stammkapitals wegen des auch hier gem. § 58 I Nr. 3 einzuhaltenden Sperrjahres als zu schwerfällig.[110)]

c) Die GmbH als Rechtsträgerin des neugebildeten Geschäftsanteils

Geht man danach weiterhin von der Zulässigkeit der Neubildung eines Geschäftsanteils anstelle des eingezogenen ohne Kapitalerhöhung aus, so ist die Frage nach dem Rechtsträger des neugebildeten Geschäftsanteils richtigerweise dahingehend zu beantworten, daß zunächst nur die GmbH Inhaberin des Anteils sein kann.[111)]

Der Erwerb des neugebildeten Geschäftsanteils durch die Gesellschaft ermöglicht einerseits die zügige Refinanzierung der Abfindung, die unmittelbar das Gesellschaftsvermögen belastet. Die GmbH kann den ihr zustehenden neuen Geschäftsanteil ohne weiteres an einen Dritten weiterveräußern und damit den Eigenkapitalabfluß ausgleichen.

Andererseits läßt die Rechtsträgerschaft der GmbH die infolge der wirksamen Einziehung bestehenden Beteiligungsverhältnisse innerhalb der Gesellschaft unberührt. Eine Verschiebung der

---

110) Niemeier, S. 367.

111) So auch Scholz-H.P. Westermann, aaO; Schmidt in Hachenburg, GmbHG, 6. Aufl., § 34 Anm. 30; Hachenburg-Hohner, § 34 Rdnr. 61; Meyer-Landrut/Miller/Niehus, GmbHG, § 34 Rdnr. 11; Goutier/Seydel/Eser/Wolf, GmbH-Praxis, 1. Teil, § 34 Rdnr. 22; Gonnella, GmbH-Rdsch 1962, 253 (254); v. Godin, DJ 1943, 131 (132).

materiellen Beteiligungsquoten der verbleibenden Gesellschafter tritt nicht ein, da die Gesellschaft bis zur Veräußerung einen eigenen Geschäftsanteil im Sinne des § 33 besitzt, dessen mitgliedschaftliche Rechte und Pflichten den übrigen Gesellschaftern zukommen.[112)] Erst mit dem Beitritt des neuen Gesellschafters wird das vor der Einziehung bestehende Verhältnis der Beteiligungen der Gesellschafter untereinander wiederhergestellt.

Grundsätzlich abzulehnen ist dagegen sowohl ein Bezugsrecht der verbleibenden Gesellschafter auf anteiligen Erwerb des neuen Geschäftsanteils als auch die Bildung eines Gemeinschaftsanteils, der den beteiligten Gesellschaftern in Bruchteilsgemeinschaft zusteht.[113)]
Beide Erwerbsmöglichkeiten stehen in krassem Gegensatz zu der mit der Neubildung eines Geschäftsanteils verfolgten Grundintention der relationsgerechten Nennwertanpassung und des Ausgleichs des Eigenkapitalabflusses bei der GmbH.
Eine anteilige Neubildung wird häufig schon an der Stückelungsvorschrift des § 5 III 2 scheitern. Weiterhin würden die verbliebenen Gesellschafter in beiden Fällen einen vermögensrechtlichen Zuwachs erhalten, obwohl sie bei der entgeltlichen Einziehung keine Vermögenseinbußen erlitten haben, die wieder auszugleichen wären. Vielmehr wird beim gesamten Neubildungsverfahren die materielle Beteiligungsquote des einzelnen Gesellschafters nicht beeinträchtigt.[114)]

---

112) Vgl. dazu die Ausführungen oben bei Gliederungspunkt B. I. 5. b) und c).

113) So Heim, DR 1944, 320 (321 f); Sudhoff, S. 485.

114) Niemeier, S. 371.

Demgegenüber hat die GmbH die Abfindungszahlung aus dem Gesellschaftsvermögen geleistet und ist an einer schnellen Refinanzierung des Einziehungsentgelts interessiert. Dies wird ihr aber durch einen anteiligen Erwerb bzw. durch einen Gemeinschaftsanteil unmöglich gemacht.

3. Zusammenfassung

Bei der entgeltlichen Einziehung gem. § 34 können in zwei Fällen eigene Geschäftsanteile der GmbH entstehen:
Zunächst erwirbt die Gesellschaft den einzuziehenden Geschäftsanteil bereits mit Zugang des Einziehungsbeschlusses an den betroffenen Gesellschafter. Dieser Rechtserwerb folgt aus dem bei jeder entgeltlichen Einziehung zu beachtenden Stammkapitalerhaltungsgebot, dessen Einhaltung gem. § 34 III, § 30 I gesetzliches Wirksamkeitserfordernis für den Einziehungsbeschluß ist. Diese Rechtsbedingung schiebt den Eintritt der Anteilsvernichtung mit Rücksicht auf die schützenswerte Interessenlage des ausscheidenden Gesellschafters solange hinaus, bis die an ihn zu zahlende Abfindung gem. § 34 III i. V. m. § 30 I aus ungebundenen Mitteln des Gesellschaftsvermögens erfolgen kann. In der Zwischenzeit besteht der einzuziehende Geschäftsanteil als eigener Anteil der Gesellschaft i. S. d. § 33 fort. Zum einen bleibt damit der Grundsatz der unbedingten Ausübung der Einziehung als Gestaltungsakt der Gesellschaft gewahrt, da einzig die bloße Anteilsvernichtung hinausgeschoben wird, ansonsten aber die Einziehungswirkungen mit Zugang des Einziehungsbeschlusses eintreten.
Zum anderen vermeidet die vor Bedingungseintritt bestehende Rechtsträgerschaft der GmbH am einzuziehenden Geschäftsanteil Unklarkeiten und Rechtsunsicherheiten bezüglich der Beteiligungsverhältnisse innerhalb der GmbH und stellt darüber

hinaus eine adäquate Regelung des Interessenkonflikts zwischen Gesellschaft und Ausscheidenden dar.

Kommt es nach einer wirksamen Einziehung im Rahmen des bestehenden Stammkapitals zu einer zulässigen Neubildung eines Geschäftsanteils anstelle des eingezogenen, so erwirbt die GmbH diesen neuen Geschäftsanteil. Sie kann ihn jederzeit an einen Dritten veräußern und so dem Gesellschaftsvermögen neue Mittel zufließen lassen.
In diesem Zusammenhang ist aber weder von einem Bezugsrecht der einzelnen Gesellschafter auf anteiligen Erwerb des neuen Anteils noch von einem Gemeinschaftsanteil auszugehen, der den Gesellschaftern in Bruchteilsgemeinschaft zusteht. Die Folge wäre in beiden Fällen eine nicht interessengerechte Verschiebung der Beteiligungsverhältnisse der Gesellschafter untereinander.

IV. Ausschließung und Austritt eines Gesellschafters aus wichtigem Grund und der Erwerb seines Geschäftsanteils durch die GmbH

Eng verbunden mit dem oben dargestellten Erwerb eines eigenen Geschäftsanteils der GmbH bei der entgeltlichen Einziehung gem. § 34[1] ist die Frage nach dem rechtlichen Schicksal des Geschäftsanteils eines Gesellschafters, der aus wichtigem Grund entweder aus der GmbH ausgeschlossen wird oder selbst seinen Austritt erklärt.

Auch beim gesetzlich nicht geregelten Ausschluß und Austritt eines Gesellschafters aus wichtigem Grund steht die Problematik der rechtlichen Behandlung des Geschäftsanteils des betroffenen Gesellschafters und dessen Gesellschafterstellung bis zu seinem endgültigen Ausscheiden im Mittelpunkt der Diskussion.

Die mitgliedschaftsrechtlichen Schwierigkeiten bei der verfahrensmäßigen Durchführung des Ausschlusses und des Austritts resultieren aus dem Umstand, daß bei der GmbH zwischen der Gesellschafterstellung des Gesellschafters einerseits und seinem Geschäftsanteil andererseits unterschieden wird, und beide Verfahren in erster Linie den Gesellschafter persönlich betreffen, jedoch seinen Geschäftsanteil zunächst unberührt lassen: Sowohl der Ausschluß als auch der Austritt setzen einen wichtigen Grund voraus, der beim Ausschluß immer in der Person des betroffenen Gesellschafters liegt, sich beim Austritt daneben aber auch aus den Verhältnissen der Gesellschaft oder aus den Beziehungen zu den übrigen Gesellschaftern ergeben kann. Wird ein Gesellschafter bei Vorliegen eines wichtigen Grundes aus der Gesellschaft ausgeschlossen oder erklärt er seinen Austritt, so bleibt der betroffene Ge-

---

1) Vgl. oben Gliederungspunkt B. III. 1. b) dd).

sellschafter Inhaber seines Geschäftsanteils, bis dieser von der Gesellschaft verwertet wird.[2)]
Im folgenden soll die Gesellschafterstellung des aus wichtigem Grund aus der Gesellschaft ausgeschlossenen bzw. austretenden Gesellschafters bis zu seinem endgültigen Ausscheiden näher untersucht werden. Im Vordergrund steht dabei besonders das Schicksal des Geschäftsanteils des betroffenen Gesellschafters und die Frage, inwieweit die GmbH diesen Geschäftsanteil als eigenen erwerben kann.

1. Die rechtliche Behandlung des Geschäftsanteils des auszuschließenden Gesellschafters

a) Voraussetzungen und Durchführung des Ausschließungsverfahrens

Im GmbH-Gesetz sind neben dem Ausschluß eines säumigen Gesellschafters gem. §§ 21, 28 und der Möglichkeit eines Ausschlusses durch fingierten Abandon gem. § 27 I 2 oder durch Einziehung gem. § 34 keine weiteren Ausschließungstatbestände geregelt. Nach dem Prinzip der Vertragsfreiheit ist es jedoch zulässig, daß der Gesellschaftsvertrag darüber hinaus die Ausschließung eines Gesellschafters aus wichtigem Grund vorsieht, wobei die Gesellschafter in der Regelung der Voraussetzungen und Durchführung des Ausschließungsverfahrens einschließlich der Festsetzung der an den ausgeschlossenen Ge-

2) Allg. M.: BGHZ 9, 157 (164, 167); BGH GmbH-Rdsch 1978, 131; Hueck in Baumbach/Hueck, GmbHG, Anh. § 34 Rdnr. 13, 22; Scholz-Winter, § 15 Rdnr. 123, 148 f m. w. N.

sellschafter zu zahlenden Abfindung grundsätzlich frei sind.[3)]

Aber auch wenn die Satzung keine Bestimmungen über die Ausschließung eines Gesellschafters aus wichtigem Grund enthält, was in der Praxis noch überwiegend der Fall ist[4)], und entsprechende Regelungen nicht mittels einer Satzungsänderung in den Gesellschaftsvertrag aufgenommen werden können, wird heute der Ausschluß eines Gesellschafters aus wichtigem Grund trotz Schweigens der Satzung allgemein als zulässig angesehen:[5)]

Voraussetzung ist zunächst das Vorliegen eines wichtigen Grundes.[6)] Der Ausschluß ist weiterhin nur dann auszusprechen, wenn keine andere, weniger einschneidende Maßnahme zur Beseitigung der vorhandenen Störung des Gesellschaftsverhältnisses ergriffen werden kann.[7)] Schließlich darf durch die Ausschließung der Grundsatz der Aufbringung und Erhaltung

---

3) BGHZ 9, 157 (160); 32, 17 (22); BGH GmbH-Rdsch 1984, 74 (75); Hachenburg-Ulmer, § 34 Anh Rdnr. 31; Scholz-Winter, § 15 Rdnr. 152 f; Hueck in Baumbach/Hueck, GmbHG, Anh § 34 Rdnr. 14. Zu den rechtlichen Schranken der Gestaltungsfreiheit Soufleros, S. 8 ff.

4) Vgl. Niemeier, S. 69; Balz, GmbH-Rdsch 1983, 185 (188).

5) Vgl. dazu näher Scholz-Winter, § 15 Rdnr. 130, Hueck in Baumbach/Hueck, GmbHG, Anh § 34 Rdnr. 2, jeweils mit weiteren Nachweisen aus Literatur und Rechtsprechung.
Zur Entwicklung des Rechtsinstitutes des Ausschlusses aus wichtigem Grund: Spitze, S. 22 ff; Balz, S. 28 ff.

6) Definition und Beispiele bei Hueck in Baumbach/Hueck, GmbHG, Anh § 34 Rdnr. 3; Scholz-Winter, § 15 Rdnr. 133 f; Balz, S. 48 ff.

7) Scholz-Winter, § 15 Rdnr. 136; Hueck in Baumbach/Hueck, GmbHG, Anh § 34 Rdnr. 6.

des Stammkapitals nicht verletzt werden.[8]

Liegen die Voraussetzungen vor, so erfolgt die eigentliche Ausschließung durch Gestaltungsurteil aufgrund einer von der Gesellschaft gegen den Gesellschafter zu erhebenden Ausschlußklage.[9] Vor Klageerhebung ist in der Gesellschafterversammlung ein entsprechender Beschluß zu fassen, bei dem der Auszuschließende kein Stimmrecht hat.[10] Für diesen Gesellschafterbeschluß ist nach herrschender Meinung die qualifizierte Mehrheit von drei Vierteln der abgegebenen Stimmen notwendig.[11]

Da sich das Ausschließungsurteil nur gegen den Gesellschafter persönlich richtet, bedarf es anschließend noch einer Verwer-

---

8) Vgl. dazu Hueck in Baumbach/Hueck, GmbHG, Anh § 34 Rdnr. 7.

9) Heute allg. M.: BGHZ 9, 157 (166, 177); 16, 317 (322); 80, 346 (349); BGH GmbH-Rdsch 1987, 302 (303); Scholz-Winter, § 15 Rdnr. 138 f; Hachenburg-Ulmer, § 34 Anh Rdnr. 15, 20 f; Hueck in Baumbach/Hueck, GmbHG, Anh § 34 Rdnr, 8; Lutter/Hommelhoff, GmbHG, S. 34 Rdnr. 16; H.P. Westermann/Pöllath, S. 122 f; Eser, DB 1985, 29; Balz, S. 46, 57 f; Soufleros, S. 49 ff; Spitze, S. 83 f. A. A.: Grunewald, S. 112 ff, die für eine Leistungsklage der Gesellschaft gegen den Auszuschließenden auf Abtretung seines Geschäftsanteils Zug um Zug gegen Zahlung der vollen Abfindung eintritt; ebenso G. Fischer, S. 91 ff. Dagegen aber Spitze, S. 81 f; Balz, S. 57 f.
Für den Ausschluß durch Gesellschafterbeschluß früher noch RGZ 169, 330 (334); sowie Scholz, GmbH-Rdsch 1953, 75; 1955, 36 (39); Vogel, BB 1953, 460 (461); Küster, JR 1952, 455 (457).

10) BGHZ 9, 157 (177 f); Hachenburg-Ulmer, § 34 Anh Rdnr. 16; Hueck in Baumbach/Hueck, GmbHG, Anh § 34 Rdnr. 9; Scholz-Winter, § 15 Rdnr. 140; Eser, aaO; Soufleros, S. 56; Spitze, S. 84 ff; Balz, S. 36 f.

11) BGHZ 9, 157 (177); OLG Frankfurt GmbH-Rdsch 1980, 56 (57); Hachenburg-Ulmer, § 34 Anh Rdnr. 17; Rowedder in Rowedder, GmbHG, § 34 Rdnr. 51; Meyer-Landrut/Miller/Niehus, GmbHG, § 15 Rdnr. 44; Luther/Hommelhoff, GmbHG, aaO; Burkert, S. 167; Immenga, S. 308; Spitze, S. 88; M. Becker, Austritt, S. 48.

tung seines Geschäftsanteils. Hierbei hat die GmbH die Wahl, den Geschäftsanteil gem. § 34 einzuziehen, oder ihn auf sich selbst, einen Mitgesellschafter oder Dritten zu übertragen.[12] In diesem Zusammenhang entsteht aber derselbe Interessenkonflikt, der schon bei der entgeltlichen Einziehung[13] angesprochen wurde:
Beim Ausschluß eines Gesellschafters aus wichtigem Grund steht diesem grundsätzlich auch ein Abfindungsanspruch gegen die Gesellschaft in Höhe des vollen Werts seines Geschäftsanteils zu.[14] Die Gesellschaft hat ihrerseits bei der Entgeltzahlung wiederum die zwingende Stammkapitalerhaltungsvorschrift des § 30 I zu beachten und darf die Zahlung nur aus ungebundenem Gesellschaftsvermögen vornehmen. Der von der Ausschließung betroffene Gesellschafter hat daher ein Interesse an der Sicherung seines Abfindungsanspruchs, um nicht Gefahr zu laufen, seinen Geschäftsanteil zu verlieren, ohne gleichzeitig den vollen Gegenwert dafür zu erhalten.[15] Demgegenüber strebt die GmbH eine zügige Abwicklung der Ausschließung an, um sich rasch von der Belastung durch den Auszuschließenden zu befreien.[16]

Dagegen für einfache Mehrheit: Scholz-Winter, aaO; Hueck in Baumbach/Hueck, GmbHG, aaO; H.P. Westermann/Pöllath, S. 124; Wolany, S. 99, 150; Freund, S. 17 f; Balz, S. 38 ff; Soufleros, S. 59 m. w. N.

12) BGHZ 9, 157 (168 f); Hueck in Baumbach/Hueck, GmbHG, Anh § 34 Rdnr. 10 m. w. N.

13) Vgl. oben Gliederungspunkt B. III. 1. b) aa).

14) Allg. M.: BGHZ 9, 157 (168); 16, 317 (322); 32, 17 (23); Scholz-Winter, § 15 Rdnr. 150; Hachenburg-Ulmer, § 34 Anh Rdnr. 34; Rowedder in Rowedder, GmbHG, § 34 Rdnr. 61; Lutter/Hommelhoff, GmbHG, § 34 Rdnr. 17; Hueck in Baumbach/Hueck, GmbHG, Anh § 34 Rdnr. 11; Eser, DB 1985, 29 (30).

15) Vgl. BGHZ 9, 157 (170).

16) Vgl. Balz, S. 64.

Bei der verfahrensmäßigen Durchführung des Ausschlusses aus wichtigem Grund stellt sich somit ebenfalls das Problem der angemessenen Berücksichtigung beider Interessenlagen und die Frage nach Inhalt und Rechtsfolgen des Ausschließungsurteils in bezug auf die Gesellschafterstellung und den Geschäftsanteil des betroffenen Gesellschafters.

b) Die Auswirkungen des Ausschlußurteils auf die Rechtsstellung des Gesellschafters

Zwei unterschiedliche Ausgangspunkte stehen sich hierbei gegenüber.

aa) Die Verknüpfung von Ausschließung und Abfindung durch ein bedingtes Ausschlußurteil

(1) Die Ansicht des Bundesgerichtshofes

Zur Wahrung der schutzwürdigen Vermögensinteressen des betroffenen Gesellschafters hat zunächst der Bundesgerichtshof in seinem grundlegenden Urteil angenommen, die Gestaltungswirkung des Urteils trete nur unter der Bedingung ein, daß der ausscheidende Gesellschafter seine volle Abfindung innerhalb einer festgesetzten Frist erhalte.[17)]
Mit Rechtskraft des Ausschließungsurteils sei der Ausschluß des Gesellschafters nur rechtskräftig ausgesprochen, jedoch noch nicht durchgeführt.[18)] Erst wenn ihn die Gesellschaft unter Beachtung der Kapitalerhaltungsvorschriften der §§ 19 II, 30 I, 31 ausgezahlt habe, scheide er endgültig aus der GmbH aus.[19)]

---

17) BGHZ 9, 157 (174).

18) BGHZ 9, 157 (167).

19) BGHZ 9, 157 (174, 178).

Das bedingte Ausschlußurteil wirkt sich nach Auffassung des Bundesgerichtshofes auf die Rechtsstellung des Auszuschließenden wie folgt aus:
Bis zum Bedingungseintritt bleibt der Auszuschließende noch Gesellschafter und Inhaber seines Geschäftsanteils. Er kann die Mitverwaltungs- und Vermögensrechte weiterhin ausüben, darf jedoch Maßnahmen nicht verhindern, die die Durchführung seines Ausschlusses betreffen.[20] Kraft seiner Inhaberschaft steht ihm auch die Verfügungsbefugnis über den Geschäftsanteil zu.[21]
Wird die Abfindung unter Einhaltung der §§ 19 II, 30 I, 31 von der GmbH gezahlt, verliert der Auszuschließende seine Gesellschafterstellung und seinen Geschäftsanteil, der dann an die Gesellschaft fällt.[22] Wie die GmbH den Geschäftsanteil verwertet bleibt ihr überlassen. Sie kann dabei zwischen allen gesetzlichen Möglichkeiten wählen.[23]
Kann die Gesellschaft die Abfindung nicht innerhalb der festgesetzten Frist aufbringen, tritt die Bedingung nicht ein. Der Auszuschließende bleibt mangels wirksamen Ausschlusses vollberechtiger und verpflichteter Gesellschafter.[24]
Ist ausnahmsweise das Sicherungsinteresse des vom Ausschluß betroffenen Gesellschafters nicht tangiert[25] oder nicht

---

20) BGHZ 9, 157 (176).

21) BGHZ 9, 157 (170).

22) BGHZ 9, 157 (178).

23) Vgl. BGHZ 9, 157 (168 f).

24) Vgl. BGHZ 9, 157 (174).

25) So BGHZ 16, 317 (324), wenn der Geschäftsanteil des Auszuschließenden keinen Wert hat; sowie BGHZ 9, 157 (179), bei Hinterlegung eines den vollen Wert des Geschäftsanteils entsprechenden Betrages.

schutzwürdig[26)], so verzichtet der Bundesgerichtshof auf die Koppelung von Ausschließung und Abfindung und befürwortet ein unbedingtes Ausschlußurteil.

(2) Befürwortung eines bedingten Ausschlußurteils in der Literatur

Unter Hinweis auf das schützenswerte Interesse des auszuschließenden Gesellschafters hat sich ein beachtlicher Teil des Schrifttums vom Grundsatz her ebenfalls für ein bedingtes Ausschlußurteil ausgesprochen.[27)] Allerdings ist die Bedingungskonstruktion des Bundesgerichtshofes innerhalb dieser Literaturmeinung nicht in allen Punkten auf Zustimmung gestoßen:

In Anlehnung an die §§ 207 ff RegEGmbHG 1972[28)] wird zum einen die Ansicht vertreten, daß die Ausschließung nur an die

---

26) So BGHZ 16, 317 (325), wenn der Auszuschließende nicht alles in seinen Kräften Stehende tut, um die Ermittlung des Werts seines Geschäftsanteils ohne nennenswerte Verzögerung der Ausschließung zu ermöglichen.

27) Scholz-Winter, § 15 Rdnr. 142 a, 145; Lutter/Hommelhoff, GmbHG, § 34 Rdnr. 16; Roth, § 60 Anm. 6.2.3.; Meyer-Landrut/Miller/Niehus, GmbHG, § 15 Rdnr. 45; Rowedder in Rowedder, GmbHG, § 34 Rdnr. 73; Soufleros, S. 91 f, 95; Lehmann/Dietz, S. 436; Balz, S. 58 ff; Burkert, S. 168; M. Becker, Austritt, S. 53 f; Klauss/Birle, GmbH, S.118, Rz. 252; Wolany, S. 150 f; Sudhoff, S. 490; Immenga, S. 310 f; Eder in GmbH-Handbuch I, Rz. I 428.3; Hartmann, S. 137; ders., GmbH-Rdsch 1962, 5 (9 f); Jung, MittRhNotK 1969, 808 (827); Schneider, GmbH-Rdsch 1953, 74; Metzger, GmbH-Rdsch 1963, 64 (65); Gansmüller, GmbH-Rdsch 1956, 129 ff, 145 (150); Seydel, GmbH-Rdsch 1953, 149 (150 f); vgl. auch Hachenburg-Ulmer, § 34 Anh Rdnr. 24, 27; Ebke, ZHR 148 (1984), 497 (499 f).

28) Vgl. oben bereits Fn. 60 auf S. 108.

Bedingung der Zahlung einer im Ausschlußurteil vorläufig festzusetzenden Abfindung zu knüpfen sei, während die endgültige Berechnung des Entgelts eventuell einem gesonderten Rechtsstreit überlassen bleibe. Der betroffene Gesellschafter verliere bereits nach Leistung der vorläufigen Abfindung endgültig seine Gesellschafterstellung und seinen Geschäftsanteil.[29] Er behalte nur einen schuldrechtlichen Anspruch auf Zahlung des Restes der Abfindung. Jedoch stehe ihm ein Recht auf Auflösung der Gesellschaft und auf Befriedigung aus dem Liquidationserlös nach Befriedigung der Gesellschaftsgläubiger zu, falls der Abfindungsrest nicht fristgemäß gezahlt werde.[30]

Zum anderen wird die Gesellschafterstellung des auszuschließenden Gesellschafters bis zum Eintritt der Bedingung und das rechtliche Schicksal seines Geschäftsanteils nach Bedingungseintritt unterschiedlich beurteilt.

Teilweise wird vertreten, daß der Auszuschließende auch zwischen Rechtskraft des Ausschlußurteils und Bezahlung des Wertes seines Geschäftsanteils alle Mitgliedschaftsrechte und -pflichten behalte[31] und über seinen Geschäftsanteil verfügen könne[32]. Demgegenüber sprechen sich andere für ein Ruhen sämtlicher mit dem Geschäftsanteil verbundenen mitglied-

---

29) So insbesondere Hachenburg-Ulmer, § 34 Anh Rndr. 26 ff; Rowedder in Rowedder, GmbHG, § 34 Rdnr. 61; Eder in GmbH-Handbuch I, aaO; Soufleros, S. 92 ff, 127 f; im Grundsatz auch Immenga, S. 311.

30) Soufleros, S. 96 ff; Hachenburg-Ulmer, § 34 Anh Rdnr. 30; Rowedder in Rowedder, GmbHG, § 34 Rdnr. 61. A. A.: Immenga, aaO.

31) So im Anschluß an BGHZ 9, 157 (176) vertreten von Lutter/Hommelhoff, GmbHG, § 34 Rdnr. 16; Rowedder in Rowedder, GmbHG, § 34 Rdnr. 59 f, 74 f; Jung, MittRhNotK 1969, 806 (827); nur auf die Mitgliedschaftsrechte beschränkend Wolany, S. 151; vgl. auch Scholz, Ausschließung und Austritt, S. 41.

32) Scholz-Winter, § 15 Rdnr. 148 m. w. N.

schaftlichen Rechte aus.[33)]
Als vermittelnde Lösung ist schließlich vorgeschlagen worden, daß dem Auszuschließenden bis zum Bedingungseintritt die vermögensrechtlichen Rechte und Pflichten erhalten blieben, während seine nichtvermögensrechtlichen Mitgliedschaftsrechte ab Rechtskraft des Ausschlußurteils grundsätzlich suspendiert seien.[34)]
Nach Bedingungseintritt soll der Geschäftsanteil des ausgeschlossenen Gesellschafters nach einer dem Bundesgerichtshof folgenden Meinung an die Gesellschaft fallen und zum eigenen Geschäftsanteil der GmbH i. S. d. § 33 werden.[35)]
Andere nehmen entsprechend der Rechtslage bei der Kaduzierung einen subjektlosen Geschäftsanteil an, den die Gesellschaft nach Bedingungseintritt nur treuhänderisch halte, ohne selbst Anteilsinhaberin zu werden.[36)]

bb) Das unbedingte Ausschlußurteil

Ausgehend von dem Grundsatz der Trennung von Ausschließungs- und Abfindungsverfahren wird demgegenüber in Teilen des

---

33) Hachenburg-Ulmer, § 34 Anh Rdnr. 27; Soufleros, S. 104; Esch, GmbH-Rdsch 1981, 25 (27); vgl. auch Hueck in Baumbach/Hueck, GmbHG, Anh § 34 Rdnr. 13.

34) Scholz-Winter, § 15 Rdnr. 148; Balz, S. 67.

35) Roth, § 60 Anm. 6.1.1.; Hachenburg-Ulmer, § 34 Anh Rdnr. 29; Balz, S. 78 ff; Gansmüller, GmbH-Rdsch 1956, 129 f; 1963, 65 (66 f); Hartmann, GmbH-Rdsch 1962, 5 (9); Wolany, S. 153. Bedenken bei Jung, MittRhNotK 1969, 806 (825 Fn. 6).

36) So Scholz-Winter, § 15 Rdnr. 149; Soufleros, S. 123 ff; Klauss/Birle, Die GmbH, S. 118, Rz. 252; Burkert, S. 168; Metzger, GmbH-Rdsch 1963, 64 (65), 106 (107); wohl auch M. Becker, Austritt, S. 56.

Schrifttums ein unbedingtes Ausschlußurteil befürwortet.[37] Zu den Auswirkungen des unbedingten Ausschlußurteils auf die Rechtsstellung des betroffenen Gesellschafters und auf seinen Geschäftsanteil sind insbesondere die Lösungsvorschläge von A. Hueck und Spitze anzuführen:

Nach A. Hueck soll der Auszuschließende bereits mit Rechtskraft des Ausschlußurteils seine sämtlichen Gesellschafterrechte verlieren, und damit von jeder weiteren Mitwirkung in der Gesellschaft ausgeschlossen werden. Er bleibe zwar zunächst noch Inhaber seines Geschäftsanteils. Dieser stelle für ihn aber nur einen reinen Vermögenswert dar ohne sonstige Gesellschafterbefugnis.[38] Zum Schutz des betroffenen Gesellschafters genüge es, ihm einen schuldrechtlichen Anspruch auf Auszahlung seines Abfindungsguthabens gegen die Gesellschaft und, sofern dieser nicht innerhalb einer angemessenen Frist erfüllt werde, ein Recht auf Auflösung der Gesellschaft einzuräumen.[39]

Dagegen vertritt Spitze die Ansicht, daß mit Rechtskraft des Ausschlußurteils das Verfügungsrecht über den Geschäftsanteil des auszuschließenden Gesellschafters auf die Gesellschaft

---

37) A. Hueck, DB 1953, 776 (777 f); Baumbach-Hueck, GmbHG, 13. Aufl., Einf zu § 34 Anm. 2 C; Hueck in Baumbach/Hueck, GmbHG, Anh § 34 Rdnr. 12; H.P. Westermann/Pöllath, S. 126; R. Fischer in FS für Walter Schmidt, S. 117 (131 f); Wolff, S. 91; Spitze, S. 93 ff; Freund, S. 26; Mangold/Mangold, BB 1953, 398 (399); Fichtner, BB 1966, 146 (149).

38) A. Hueck, DB 1953, 776 (778); zustimmend Hueck in Baumbach/Hueck, GmbHG, aaO; H.P. Westermann/Pöllath, aaO; Fichtner, BB 1966, aaO.

39) A. Hueck, DB 1953, aaO; Hueck in Baumbach/Hueck, GmbHG, aaO; für ein Auflösungsrecht des Gesellschafters auch Freund, aaO; Grunewald, S. 243.

übergehe. Dieses Verfügungsrecht der GmbH bestehe nur innerhalb eines von dem Gericht festzusetzenden Zeitraums, um unbillige Verzögerungen des Ausschlusses zu vermeiden. Im Rahmen des Verfügungsrechts sei die GmbH berechtigt, wahlweise entweder den Geschäftsanteil einzuziehen oder ihn an sich selbst, einen der übrigen Gesellschafter oder einen Dritten abtreten zu lassen. Der Auszuschließende könne innerhalb dieses Zeitraums nicht über seinen Geschäftsanteil verfügen.[40] Er bleibe jedoch bis zur Verfügung der GmbH Inhaber des Geschäftsanteils. Seine Rechte aus dem Gesellschaftsverhältnis könne er bis zu diesem Zeitpunkt ebenfalls noch ausüben, soweit sie nicht Maßnahmen betreffen, die mit der Durchführung des Ausschlusses im Zusammenhang stehen.[41]
Da somit die rechtgestaltende Wirkung des Ausschlußurteils auch ohne die vorherige Abfindungszahlung an den Auszuschließenden eintrete, müsse sein Abfindungsanspruch in angemessener Weise gesichert werden. In Anlehnung an A. Hueck befürwortet er ebenfalls ein Auflösungsrecht des ausgeschlossenen Gesellschafters, wenn die Gesellschaft den zur Abfindung erforderlichen Betrag nicht aufbringen kann.[42] Die Befriedigung des Ausgeschlossenen erfolge dann aus dem Liquidationsguthaben. Eine Auflösung der GmbH sei jedoch dann nicht gerechtfertigt, wenn ein alleiniges grobes Verschulden des ausgeschlossenen Gesellschafters den Ausschluß herbeigeführt habe.[43]

---

40) Spitze, S. 94 ff.

41) Spitze, S. 97.

42) Spitze, S. 102 ff.

43) Spitze, S. 104.

Darüber hinaus werden von den Befürwortern eines unbedingten Ausschlußurteils in diesem Zusammenhang noch folgende Ansichten vertreten:

Wolff[44] will mit Rechtskraft des Ausschlußurteils den sofortigen Verlust des Geschäftsanteils eintreten und den Gesellschafter bereits zu diesem Zeitpunkt endgültig aus der Gesellschaft ausscheiden lassen. Der Anteil bestehe dann bis zu seiner Verwertung entsprechend der Rechtslage bei der Kaduzierung als trägerloses Recht fort, wobei das Verfügungsrecht über den Anteil der GmbH zustehe. Die Sicherung seines Abfindungsanspruchs könne der Ausgeschlossene entweder durch eine Pfändung des soeben verlorenen Geschäftsanteils oder mittels eines Klageabweisungsantrages erreichen, wenn bereits während des Ausschließungsprozesses festgestellt wird, daß die Abfindung von der Gesellschaft nicht aufgebracht werden kann.[45]

Ebenso soll nach E. und W. Mangold[46] und R. Fischer[47] der betroffene Gesellschafter mit der Rechtskraft des unbedingten Ausschlußurteils sofort aus der Gesellschaft ausscheiden. Ihm verbleibe nur ein schuldrechtlicher Anspruch auf die Abfindungszahlung.
Zur Sicherung seines Abfindungsanspruchs wird einerseits vertreten, daß der Ausgeschlossene diesen in vollem Umfang gegen die Gesellschaft durchsetzen könne. Die Gläubigerschutzvorschriften der §§ 19 II, 30 I, 31 seien dabei außer acht zu lassen, so daß er zur Rückzahlung des unter Verstoß gegen §

---

44) Wolff, S. 91 f.

45) Wolff, S. 94 ff.

46) Mangold/Mangold, BB 1953, 398 (399).

47) R. Fischer in FS für Walter Schmidt, S. 117 (131 ff).

30 I ausbezahlten Betrages nicht verpflichtet sei. Für den daraus resultierenden Fehlbetrag müßten die verbleibenden Gesellschafter nach dem Verhältnis ihrer Geschäftsanteile haften, damit die Gläubigerinteressen an der Erhaltung des Stammkapitals hinreichend gewahrt blieben.[48)]
Andererseits wird eine persönliche Haftung der übrigen Gesellschafter für die Aufbringung der Abfindung angenommen.[49)]

cc) Das bedingte Ausschlußurteil als richtiger Lösungsansatz

Auch beim Ausschluß eines Gesellschafters aus wichtigem Grund ohne eine entsprechende Satzungsbestimmung kann eine interessengerechte Lösung des Konflikts zwischen dem Ausschlußinteresse der GmbH und dem Sicherungsinteresse des Auszuschließenden nur auf der Grundlage der Bedingungskonstruktion erreicht werden. Danach ist die rechtsgestaltende Wirkung des Ausschlußurteils und damit das endgültige Ausscheiden des Gesellschafters von der vollständigen Abfindungszahlung durch die Gesellschaft abhängig. Abzulehnen ist in diesem Zusammenhang jedoch die vom Bundesgerichtshof abweichende Ansicht, die zwar ein bedingtes Ausschlußurteil zugrundelegt, das Ausschlußverfahren aber insgesamt nach den Vorschriften der §§ 207 ff RegEGmbHG 1972 durchführen will.[50)] Gegen die ohne weitere rechtliche Begründung befürwortete Anwendung von Regelungen, die nicht Gesetz geworden sind, erheben sich schon

---

48) Mangold/Mangold, aaO.

49) R. Fischer in FS für Walther Schmidt, aaO; einschränkend Gonnella, GmbH-Rdsch 1967, 89 (93 f); für eine persönliche Haftung der Gesellschafter auch Dreiss/Eitel-Dreiss, S. 128; Immenga, S. 311.

50) Vgl. oben Gliederungspunkt B. IV. 1. b) aa) (2) nach Fn. 27.

grundsätzliche Bedenken.[51] Auch kann dem eigentlichen Ausschlußverfahren nach den §§ 207 ff RegEGmbHG 1972, insbesondere der Einräumung eines Auflösungsrechts gem. § 209 IV, V RegEGmbHG 1972 zur Sicherung des Rechtsabfindungsanspruchs des bereits ausgeschlossenen Gesellschafters nicht zugestimmt werden.[52]
Auf der anderen Seite bestehen gegen die Zulässigkeit eines aufschiebend bedingten rechtsgestaltenden Urteils keine prozeßrechtliche Bedenken.[53]
Der Grundsatz, wonach Urteile Rechtssicherheit und Rechtsgewißheit schaffen sollen, wird beim bedingten Ausschlußurteil hinreichend berücksichtigt. Infolge der im Ausschlußurteil getroffenen Feststellung über das Vorliegen eines wichtigen Grundes und der gleichzeitigen Festsetzung der Abfindungszahlung ist die Sache entscheidungsreif geworden. Bis zum Bedingungseintritt steht nur noch die materielle Rechtskraft des Urteils aus.[54]

Des weiteren können die von einem unbedingten Ausschlußurteil ausgehenden Lösungsvorschläge nicht überzeugen:

Die von A. Hueck vorgeschlagene Konstruktion, nach der der Gesellschafter durch das Ausschlußurteil nur die mit dem Ge-

---

51) Meyer-Landrut/Miller/Niehus, GmbHG, § 15 Rdnr. 45; H.P. Westermann/Pöllath, S. 127; Ebke, ZHR 148 (1984), 497 (500); Spitze, S. 76.

52) Kritik an diesem Lösungsvorschlag auch bei Ebke, ZHR 148 (1984), aaO; Spitze, S. 75 f.

53) Ebenso BGHZ 9, 157 (174); 16, 317 (322); Rosenberg/Schwab, Zivilprozeßrecht, § 58 I 4, S. 325; Wieczorek, ZPO, § 300 Anm. C II b 3; Scholz-Winter, § 15 Rdnr. 145; Rowedder in Rowedder, GmbHG, § 34 Rdnr. 73; Soufleros, S. 79 Fn. 157; Ebke, ZHR 148 (1984), 497 (499); Balz, S. 60, 68 m. w. N. Zur Gegenansicht vgl. Balz, S. 59 Fn. 161.

54) So überzeugend Balz, S. 68.

schäftsanteil verbundenen Mitgliedschaftsrechte, nicht aber seinen Anteil selbst verliert, vernachlässigt in starkem Maße die schutzwürdigen Interessen des auszuschließenden Gesellschafters. Dieser hat mit Rechtskraft des Urteils weder die Möglichkeit einer weiteren Einflußnahme auf die Geschäfte der GmbH noch einen Gewinnanspruch, während die Gesellschaft weiter mit seinem Kapital arbeiten kann. Er trägt einseitig das Risiko der zukünftigen Bilanzentwicklung der GmbH. Bei einer Verbesserung der Finanzsituation nimmt er an den Gewinnen der Gesellschaft nicht mehr teil. Dagegen wird bei einer ungünstigen Entwicklung sein Geschäftsanteil nicht mehr zu dem Wert abgetreten werden können, den er im Zeitpunkt der Klageerhebung hatte.[55] Seine bis zur Abfindungszahlung fortbestehende formelle Gesellschafterstellung hat für ihn keinen Wert. Ihm kommt dieselbe Rechtsstellung zu, die er bei einem sofortigen vollständigen Verlust seines Geschäftsanteils gehabt hätte.[56] Für die von A. Hueck vorgenommene Trennung von Geschäftsanteil und Gesellschafterrechten fehlt es im geltenden GmbH-Recht an jeglicher Grundlage.[57]
Grundsätzlich abzulehnen ist weiterhin ein Auflösungsrecht des ausgeschlossenen Gesellschafters entsprechend § 135 HGB i. V. m. § 61 GmbHG, wie es zur Sicherung seines Abfindungsanspruchs bei einer unbedingten Ausschließung vertreten wird.[58] Ein derartiges Recht zur Auflösung der GmbH läßt sich weder aus den genannten Vorschriften ableiten[59] noch

---

55) So die Kritik bei Soufleros, S. 84 f; vgl. auch Spitze, S. 72; Balz, S. 62 f m. w. N.

56) Spitze, S. 71.

57) So insbesondere Spitze, aaO.

58) Hueck in Baumbach/Hueck, GmbHG, Anh § 34 Rdnr. 12; Spitze, S. 102 ff; A. Hueck, DB 1953, 776 (778); Freund, S. 26; vgl. auch Soufleros, S. 97 ff.

59) Siehe dazu oben Gliederungspunkt B. III. 1. b) cc).

mit dem Argument rechtfertigen, daß der Ausgeschlossene zur Durchsetzung seines Abfindungsanspruchs gegen die GmbH wie ein Gesellschafter zu behandeln sei, da auch ihm gegenüber die das Gesellschaftsverhältnis betreffende Vorschrift des § 30 I Anwendung finde.[60)]
Die Einräumung eines Auflösungsrechts widerspricht dem schutzwürdigen Interesse der übrigen Gesellschafter am Fortbestand der GmbH.[61)] Falls die Abfindung des Ausgeschlossenen scheitert oder sich als unzulässig herausstellt, ist sein Wiedereintritt in die Gesellschaft sachgerechter und für beide Seiten auch zumutbarer.[62)]
Den weiteren Vorschlägen zur Sicherung des Abfindungsanspruchs des Gesellschafters kann ebenfalls nicht gefolgt werden. Als völlig unzureichend stellt sich der Schutz des ausgeschlossenen Gesellschafters dar, wenn er auf eine Pfändung und anschließende Verwertung des verlorenen Geschäftsanteils verwiesen wird und sonst nur einen Klageabweisungsantrag stellen kann, wenn feststeht, daß die GmbH zur Abfindungszahlung nicht in der Lage ist.[63)] Zur Pfändung benötigt der Ausgeschlossene einen Titel, den er erst in einem neuen Prozeß erstreiten muß. Dies kostet viel Zeit, so daß eine Pfändung des Geschäftsanteils nicht selten zu spät kommen wird, wenn die GmbH den Anteil durch Einziehung verwertet.[64)] Der Versteigerungserlös wird zudem nicht immer den vollen Wert des Geschäftsanteils erreichen. Ein Klageabweisungsantrag gibt

---

60) So Spitze, S. 103; Soufleros, S. 99.

61) Vgl. Scholz-Winter, § 15 Rdnr. 143.

62) Für ein Wiederaufleben der Mitgliedschaftsrechte in diesem Fall auch H.P. Westermann/Pöllath, S. 130; Scholz-H.P. Westermann, § 34 Rdnr. 50 a. E.

63) So der Vorschlag von Wolff, S. 94 ff.

64) Soufleros, S. 88; Spitze, S. 68; G. Fischer, S. 74 f.

dem Ausgeschlossenen auch keine Sicherheit, da eine Feststellung, die GmbH werde das Entgelt nicht zahlen können, im Ausschlußprozeß regelmäßig noch nicht getroffen werden kann.[65] Schließlich sind sowohl die vertretene Durchsetzung des Abfindungsanspruchs ohne Berücksichtigung der §§ 19 II, 30 I, 31[66] als auch die Annahme einer subsidiären persönlichen Haftung der übrigen Gesellschafter für die Abfindungszahlung[67] wegen ihrer Unvereinbarkeit mit dem geltenden GmbH-Recht strikt abzulehnen.[68]

dd) Eigener Lösungsvorschlag

Ist das bedingte Ausschlußurteil einerseits zwar der richtige Ausgangspunkt für eine interessengerechte Lösung des zwischen Gesellschaft und Auszuschließenden bestehenden Konflikts, so läßt doch andererseits die Bedingungskonstruktion des Bundesgerichtshofes eine ausgewogene Interessenbewertung vermissen. Den Gegnern dieser Ansicht ist zuzugeben, daß der Bundesgerichtshof mit einem bedingten Ausschlußurteil vorrangig die Interessen des Auszuschließenden berücksichtigt, während die Interessen der Gesellschaft vernachlässigt zu sein scheinen. Jedoch geht es in diesem Zusammenhang weniger um den Vorwurf, ein aufschiebend bedingtes Ausschlußurteil verzögere den Ausschlußprozeß und die anschließende Durchführung der Ausschließung für die GmbH in unzumutbarer Weise.[69] Dieses Argument ist zu Recht als nicht stichhaltig zurückgewiesen wor-

---

65) Spitze, aaO.

66) Vgl. Fn. 48 auf S. 145.

67) Vgl. Fn. 49 auf S. 145.

68) Ausführliche Kritik bei Soufleros, S. 86 f, 90 m. w. N.

69) Soufleros, S. 79 m. w. N.

den.[70] Ob nämlich die vom Bundesgerichtshof vertretene Koppelung von Ausschluß- und Abfindungsverfahren im Prozeß tatsächlich zu derartig unzumutbaren Verzögerungen führt, muß erst noch in der Praxis untersucht werden.[71] Bislang fehlt dieser Nachweis. Zudem treten die erwähnten langjährigen Verzögerungen mit einem Weg durch alle Instanzen in vielen Ausschlußfällen gerade nicht auf, da die Ausschließung eines Gesellschafters aus der GmbH zumeist nicht durch ordentliche Gerichte, sondern schiedsgerichtlich überprüft wird.[72] Vielmehr fordert es die Interessenbewertung, daß die Gesellschaft schon vor Bedingungseintritt auf die Dauer des Ausschlußverfahrens Einfluß nehmen kann. Bereits nach Rechtskraft des bedingten Ausschlußurteils muß es der GmbH gewährt werden, frei über das Schicksal des Geschäftsanteils des auszuschließenden Gesellschafters zu entscheiden, um damit sowohl das für die Abfindung notwendige Entgelt zu beschaffen als auch die Ausschließung des Gesellschafters zu beschleunigen.

(1) Übergang der Verfügungsbefugnis am Geschäftsanteil auf die GmbH mit Rechtskraft des bedingten Ausschlußurteils

Beides kann dadurch erreicht werden, daß bereits mit Rechtskraft des bedingten Ausschlußurteils das Verfügungsrecht über den Geschäftsanteil des auszuschließenden Gesellschafters auf die GmbH übergeht.[73] Sie ist dann berechtigt, über den An-

---

70) Ebke, ZHR 148 (1984), 497 (499 f).

71) Ebke, ZHR 148 (1984), 497 (499).

72) Ebke, ZHR 148 (1984), 497 (500).

73) So auch Spitze, S. 93 f; Freund, S. 20 f, die aber beide von einem unbedingten Gestaltungsurteil ausgehen.

teil vor Bedingungseintritt zu verfügen, d. h. sie kann ihn durch Abtretung an einen Erwerber ihrer Wahl oder durch Einziehung verwerten. Unter den Voraussetzungen des § 33 ist auch ein Erwerb durch die GmbH selbst möglich. Doch wird dieser Erwerb nicht allzu oft praktisch werden, da die Gesellschaft zumeist durch einen Verkauf des Anteils die Abfindung finanzieren will.[74)]
Der Übergang der Verfügungsbefugnis am Geschäftsanteil mit Rechtskraft des bedingten Ausschlußurteils ist für die GmbH im Urteil auf einen bestimmten Zeitraum zu begrenzen, um die Ausschließung nicht über Gebühr zu verzögern. Sollten im Einzelfall nicht besondere Gründe für eine längere Frist sprechen, ist grundsätzlich ein Zeitraum von sechs Monaten angemessen. Auch ist die Gesellschaft eher an einem möglichst frühzeitigen Ausscheiden des Gesellschafters interessiert und wird deshalb die Verwertung seines Anteils alsbald vornehmen, zumal sie vorerst keine Abfindung an den Auszuschließenden zahlen muß.[75)]
Im Gegensatz zu der Lösung des Bundesgerichtshofes wird die GmbH mit dem Verfügungsrecht in die Lage versetzt, den Geschäftsanteil des betroffenen Gesellschafters bereits vor Bedingungseintritt zu verwerten. Bei fristgemäßer Verwertung des Anteils kann die Gesellschaft in aller Regel auch die Abfindung zahlen. Der Gesellschafter scheidet nunmehr mit Eintritt der Bedingung endgültig aus der Gesellschaft aus. Seinen Geschäftsanteil verliert er je nach Verwertungsart gemäß den gesetzlichen Vorschriften der §§ 15, 34, 33. Damit wird dem Interesse der GmbH an einer raschen Abwicklung des Ausschlußverfahrens in ausreichendem Maße Rechnung getragen.

---

74) BGHZ 9, 157 (168); Spitze, S. 72, 93.

75) Spitze, S. 96.

Die gleiche Rechtsfolge tritt ein, wenn die Gesellschaft zwar nicht von ihrem Verwertungsrecht Gebrauch macht, aber innerhalb der festgesetzten Frist die Abfindung aus ungebundenem Gesellschaftsvermögen bezahlt. Findet jedoch weder eine Verwertung des Anteils noch eine Abfindungszahlung fristgemäß statt, so verliert die GmbH ihr Verfügungsrecht wieder und die Ausschließung ist insgesamt gescheitert. Ein einseitiger Ausschluß des betroffenen Gesellschafters ist dann nicht mehr möglich. Der Auszuschließende bleibt Gesellschafter.[76)]
Schließlich ist die Einräumung eines befristeten Verfügungsrechts der Gesellschaft am Geschäftsanteil des Auszuschließenden für das geltende GmbH-Recht nicht außergewöhnlich. Eine entsprechende Rechtslage läßt sich beim Abandonverfahren gem. § 27 I finden, wo die GmbH auch nur die Verfügungsbefugnis über den Geschäftsanteil erlangt, während der Gesellschafter bis zur Verwertung seines Anteils noch Inhaber des Geschäftsanteils bleibt.[77)] Zudem besteht für den auszuschließenden Gesellschafter kein zwingendes Bedürfnis dafür, daß er bis zum Bedingungseintritt weiter über seinen Geschäftsanteil verfügen kann.[78)] Sein Interesse gilt vornehmlich der Sicherung seines Abfindungsanspruchs, der auf Zahlung des vollen Gegenwerts seines Geschäftsanteils gerichtet ist. Erhält er sie, dann ist es ihm gleichgültig, ob die Gesellschaft seinen Anteil vor oder nach Bedingungseintritt verwertet hat.[79)]
Solange die GmbH von ihrem Verfügungsrecht keinen Ge-

---

76) Vgl. BGHZ 9 157 (174); 16, 317 (325); Hachenburg-Ulmer, § 34 Anh Rdnr. 28; Scholz-Winter, § 15 Rdnr. 148 a. E.;

77) Vgl. oben Gliederungspunkt B. II.2. b).

78) Gegen ein Verfügungsrecht des Auszuschließenden ab Rechtskraft des Ausschlußurteils auch H.P. Westermann/Pöllath, S. 130; Esch, GmbH-Rdsch 1981, 25 (27); Gansmüller, GmbH-Rdsch 1956, 150; 1963, 65 (67).

79) BGHZ 9, 157 (178); Freund, S. 21.

brauch macht, bleibt er ohnehin Inhaber seines Geschäftsanteils.
Seine Rechtsstellung während der Dauer des Ausschlußverfahrens sieht danach im einzelnen folgendermaßen aus:

(2) Rechtsfolgen für die Gesellschafterstellung und den Geschäftsanteil des Auszuschließenden

Der auszuschließende Gesellschafter bleibt bis zum Bedingungseintritt Inhaber seines Geschäftsanteils und damit Gesellschafter. Er behält auch nach Rechtskraft des Urteils seine sämtlichen Mitgliedschaftsrechte und -pflichten.[80] Die Ansicht, die in diesem Zusammenhang von einem vollständigen[81] oder teilweisen[82] Ruhen der mitgliedschaftlichen Rechte ausgeht, verkennt, daß sich die Ausschließung aus wichtigem Grund im Gegensatz zur Einziehung gem. § 34 nicht gegen den Geschäftsanteil, sondern gegen die Person des Auszuschließenden richtet. Dieser kann als Inhaber seines Geschäftsanteils nicht so ohne weiteres seine mit dem Anteil verbundenen Gesellschaftsrechte verlieren. Ein ruhendes Mitgliedschaftsrecht in der Hand einer natürlichen Person, die noch Gesellschafter ist, läßt sich zudem schwerlich begründen. Es ist auch von der Interessenlage der am Ausschlußverfahren Beteiligten nicht recht einsehbar, warum nun dem Gesellschafter die Ausübung seine mitgliedschaftlichen Rechte und -pflichten bis zum Bedingungseintritt untersagt ist. Der GmbH erwachsen daraus nicht unbedingt Nachteile. Nimmt man mit dem Bundesgerichtshof an, daß der Auszuschließende kein

80) So richtig Spitze, S. 97; sowie oben Fn. 31 auf S. 140.

81) Vgl. oben Fn. 33 auf S. 141.

82) Vgl. oben Fn. 34 auf S. 141.

Mitwirkungsrecht bei Beschlüssen hat, die seinen Ausschluß betreffen,[83] so kann er der Gesellschaft in dieser Beziehung nicht schaden und den Ausschluß verhindern. Darüber hinaus ist allgemein anerkannt, daß die GmbH bei gesellschaftswidrigem Verhalten des Gesellschafters während der Zeit bis zu seinem endgültigen Ausscheiden eine einstweilige Verfügung erwirken und damit die Ausübung der Mitverwaltungsrechte verhindern kann.[84]
Schließlich ist es dem auszuschließenden Gesellschafter mangels Verfügungsbefugnis über seinen Geschäftsanteil unmöglich, die Ausschließung nach Rechtskraft des Urteils dadurch zu vereiteln, daß er seinen Anteil an einen Strohmann abtritt.[85]
Auf der anderen Seite bringt ein Ruhen der Gesellschaftsrechte für die Dauer des Ausschlußverfahrens erhebliche Nachteile für den bedingt ausgeschlossenen Gesellschafter mit sich, ihm ist als Inhaber seines Geschäftsanteils jegliche Informationsmöglichkeit über die Geschäfte der GmbH und damit gleichzeitig auch über die Bewertung seines Anteils genommen, während er sein Kapital weiter der Gesellschaft zur Verfügung stellen muß. Da er immer noch Gesellschafter der GmbH ist, kann eine solche Entrechtung nicht hingenommen werden.

Kommt es zu einer fristgemäßen Verwertung des Geschäftsanteils, so wird die GmbH den Auszuschließenden in aller Regel auch abfinden können. Mit Bedingungseintritt verliert der Gesellschafter seinen Geschäftsanteil je nach der von der GmbH

---

83) BGHZ 9, 157 (176); zustimmend auch Rowedder in Rowedder; GmbHG, § 34 Rdnr. 75; Spitze, aaO.

84) So Hueck in Baumbach/Hueck, GmbHG, Anh § 34 Rdnr. 13; Rowedder in Rowedder, GmbHG, aaO; Roth, § 60 Anm. 6.2.3.; Hachenburg-Ulmer, § 34 Anh Rdnr. 20; Spitze, aaO; Scholz, Ausschließung und Austritt, S. 41.

85) Spitze, S. 94.

gewählten Verwertungsart gem. §§ 15, 34, 33.
Schwieriger ist das rechtliche Schicksal des Geschäftsanteils zu beurteilen, wenn eine Verwertung nicht stattgefunden hat, die Gesellschaft aber die volle Abfindung an den betroffenen Gesellschafter aus ungebundenem Gesellschaftsvermögen fristgemäß gezahlt hat. Dann stellt sich die Frage nach dem Rechtsträger des Geschäftsanteils des nunmehr ausgeschiedenen Gesellschafters.[86]
Die Annahme eines subjektlosen Geschäftsanteils bis zur Verwertung des Anteils durch die Gesellschaft entsprechend der Rechtslage nach erfolgter Kaduzierung[87] kann nicht überzeugen.
Gegen die grundsätzliche Zulässigkeit eines subjektlosen Geschäftsanteils sprechen zunächst dieselben Gründe, die bereits beim kaduzierten Geschäftsanteil angeführt wurden.[88]
Zudem ist die Konstruktion eines trägerlosen Rechts bei der Ausschließung nicht erforderlich.[89] Anders als beim Kaduzierungsverfahren, wo bereits das GmbH-Gesetz in § 21 II 1 den Anfall des Geschäftsanteils an die GmbH vorsieht, wird die Gesellschaft beim Ausschlußverfahren nicht gezwungen, den Geschäftsanteil des Ausgeschlossenen als eigenen zu erwerben. Für sie bestehen nach Bedingungseintritt verschiedenartige Verwertungsmöglichkeiten, so daß eine auf den Geschäftsanteil des Ausgeschlossenen noch ausstehende Stammeinlage nicht unbedingt die Subjektlosigkeit des Anteils bis zur abschließen-

---

86) Vgl. dazu oben Gliederungspunkt B. IV. 1. b) aa) (2) nach Fn. 34.

87) Siehe oben Fn. 36 auf S. 141.

88) Siehe oben Gliederungspunkt B. II. 1. d) bb).

89) Hueck in Baumbach/Hueck, GmbHG, Anh § 34 Rdnr. 10; Balz, S. 80 f.

den Verwertung nachsichziehen muß.[90]
Deshalb ist im Anschluß an den Bundesgerichtshof anzunehmen, daß die Gesellschaft mit vollständiger Zahlung der festgesetzten Abfindung den Geschäftsanteil des Ausgeschlossenen erwirbt, wenn die zwingenden Stammkapitalerhaltungsvorschriften der §§ 19 II, 30 I, 31 eingehalten worden sind.[91] Andernfalls kann bereits die Bedingung nicht eintreten und der auszuschließende Gesellschafter bleibt Inhaber seines Geschäftsanteils. Eine Anteilsverwertung durch Einziehung oder Erwerb des Anteils durch die GmbH setzt für den Bedingungseintritt voraus, daß die Stammeinlage auf dem Geschäftsanteil voll eingezahlt ist und die Abfindung aus ungebundenem Gesellschaftsvermögen aufgebracht wird. Soll daher ein Gesellschafter mit einem nicht voll eingezahlten Anteil im Wege des Ausschließungsverfahrens aus der Gesellschaft entfernt werden[92], muß die Verwertung des Gesellschaftsanteils auf andere Weise erfolgen, etwa durch Abtretung des Anteils an einen Dritten. Dies ist dann in das bedingte Ausschlußurteil mitaufzunehmen.[93]

---

90) Balz, S. 81.

91) BHGZ 9, 157 (178); ebenso auch Hachenburg-Ulmer, § 34 Anh Rdnr. 29; Balz, aaO; Hartmann, GmbH-Rdsch 1962, 5 (9).

92) Das GmbH-Gesetz sieht dafür das Kaduzierungsverfahren gem. §§ 21 ff vor, das aber unter Umständen nicht durchzuführen ist; vgl. dazu Balz, S. 79.

93) Scholz-H.P. Westermann, § 33 Rdnr. 9.

2. Das rechtliche Schicksal des Geschäftsanteils des austretenden Gesellschafters

a) Das Austrittsverfahren

Ebenso wie die Ausschließung eines Gesellschafters aus wichtigem Grund ist auch der Austritt eines Gesellschafters aus der GmbH im GmbH-Gesetz nicht geregelt. Die gesetzlich vorgesehenen Mittel zur einseitigen Trennung eines Gesellschafters von der Gesellschaft sind die Veräußerung des Geschäftsanteils gem. § 15, die Preisgabe des Anteils bei unbeschränkter Nachschußpflicht gem. § 27 I sowie die Auflösungsklage aus wichtigem Grund gem. § 61. Diese Regelungen reichen aber nicht aus, um den Bedürfnissen nach einem einseitigen Ausscheiden aus der personalistisch ausgestalteten GmbH gerecht zu werden: Die Veräußerung des Geschäftsanteils ist gem. § 15 V einschränkbar und kann darüber hinaus auch ganz ausgeschlossen werden.[94] Die anderen Lösungs- bzw. Auflösungsrechte betreffen eng umgrenzte Sonderfälle.
Deswegen ist es heute einhellige Auffassung, daß ein Gesellschafter seinen Austritt aus der GmbH dann erklären kann, wenn ein wichtiger Grund gegeben und ihm die weitere Mitgliedschaft in der GmbH nicht mehr zumutbar ist.[95] Unabhängig vom Vorliegen eines wichtigen Grundes kann für den Gesellschafter im Gesellschaftsvertrag ein Austrittsrecht auch

---

94) Zum Ausschluß der Abtretbarkeit eines Geschäftsanteils näher Scholz-Winter, § 15 Rdnr. 102; Balz, S. 108 ff.

95) Allg. M.: vgl. statt vieler Hachenburg-Ulmer, § 34 Anh Rdnr. 43; Scholz-Winter, § 15 Rdnr. 114; Hueck in Baumbach/Hueck, GmbHG, Anh § 34 Rdnr. 15 m. w. N.
Zum Austritt aus der GmbH in Rechtsprechung und Literatur ausführlich Balz, S. 90 ff.

aus anderen Gründen vorgesehen und dessen Voraussetzungen und Durchführung geregelt werden.[96]

Ohne entsprechende Satzungsregelungen setzt das Austrittsrecht des Gesellschafters zunächst das Vorliegen eines wichtigen Grundes voraus, der für ihn die Fortdauer der Mitgliedschaft unmöglich macht.[97] Weiterhin ist der Austritt nur als äußerstes Mittel zulässig, wenn auf weniger einschneidende Weise, namentlich durch die Veräußerung des Geschäftsanteils, zumutbare Verhältnisse nicht geschaffen werden können. Schließlich darf der Austritt nicht die Aufbringung und Erhaltung des Stammkapitals beeinträchtigen, wobei wiederum die §§ 19 II, 30 I, 33 II zu beachten sind.[98]

Im Gegensatz zum Ausschluß eines Gesellschafters aus der GmbH ist das Austrittsverfahren im wesentlichen unstreitig:[99]

Der austrittswillige Gesellschafter hat seinen Austritt der Gesellschaft gegenüber zu erklären. Die einseitige Austrittserklärung muß der Gesellschaft zugegangen sein, welche anschließend über die weitere Abwicklung des Austritts zu entscheiden hat. Für den Vollzug des Austritts hat die GmbH die Wahl zwischen der Einziehung des Anteils, gem. § 34, dem Erwerb des Geschäftsanteils als eigenen gem. § 33 oder durch einen Dritten gem. § 15. Über die endgültige Verwertungsart befinden die Gesellschafter in der Gesellschafterversammlung

---

96) BayObLG DB 1975, 295; Sudhoff, S. 499 f; Balz, DB 1984, 1865.

97) Beispiele bei Hueck in Baumbach/Hueck, GmbHG, Anh § 34 Rdnr. 16.

98) Hueck in Baumbach/Hueck, GmbHG, Anh § 34 Rdnr. 19; Rowedder in Rowedder, GmbHG, § 34 Rdnr. 57.

99) Vgl. statt vieler Scholz-Winter, § 15 Rdnr. 122; Hachenburg-Ulmer, § 34 Anh Rdnr. 51; Hueck in Baumbach/Hueck, GmbHG, Anh § 34 Rdnr. 20, jeweils m. w. N.

analog § 46 Nr. 4, wenn nicht der Gesellschafsvertrag die Entscheidung darüber ausdrücklich der Geschäftsführung zuweist.[100)]

Mit Zugang der Austrittserklärung bei der Gesellschaft erwirbt der Austrittswillige bereits einen Abfindungsanspruch gegen die Gesellschaft, der jedoch erst mit der abschließenden Verwertung des Geschäftsanteils durch die Gesellschaft fällig wird.[101)] Bis zu diesem Zeitpunkt bleibt der austretende Gesellschafter auch noch Inhaber seines Geschäftsanteils, da die Austrittserklärung zunächst nur bewirkt, daß die GmbH berechtigt und verpflichtet ist, gegen Abfindung des Gesellschafters seinen Anteil einzuziehen oder dessen Abtretung an sich selbst oder einen Dritten zu verlangen.[102)] Zwischen erklärtem Austritt und der Einziehung oder Abtretung des Geschäftsanteils befindet sich seine Mitgliedschaft daher in einem Schwebezustand. Der Austrittswillige hat zwar mit seiner Austrittserklärung zu verstehen gegeben, daß er aus der Gesellschaft ausscheiden will und an ihrem Schicksal nicht weiter interessiert ist. Er bleibt jedoch nach wie vor Inhaber seines Geschäftsanteils.[103)] Es stellt sich deshalb die Frage, ob und in welchem Umfang der austrittswillige Gesellschafter als Inhaber seines Geschäftsanteils seine Mitgliedschaftsrechte und -pflichten in diesem Zeitraum noch wahrnehmen darf oder gegebenenfalls muß.

---

100) So richtig M. Becker, Austritt, S. 182; Rowedder in Rowedder, GmbHG, aaO.

101) Scholz-Winter, § 15 Rdnr. 126; Balz, S. 118 f, 124.

102) BGHZ 88, 320 (322); OLG Celle GmbH-Rdsch 1983, 273 (274); BayObLG DB 1975, 295 (296); Scholz-Winter, § 15 Rdnr. 123; Hachenburg-Ulmer, § 34 Anh Rdnr. 51; Hueck in Baumbach/Hueck, GmbHG, Anh § 34 Rdnr. 22; Balz, S. 117; ders., DB 1984, 1865; M. Becker, Austritt, S. 180 ff.

103) Balz, DB 1984, aaO.

b) Die Mitgliedschaft zwischen Austrittserklärung und vollzogenem Austritt

Zunächst vertrat das Reichsgericht[104)] für den Sonderfall, daß sich der Gesellschafter einer sog. Nebenleistungsgesellschaft von seinen Nebenleistungspflichten durch Kündigung des Kartellverhältnisses löst[105)], ein Ruhen der mitgliedschaftlichen Rechte und Pflichten bis zur Einziehung oder Abtretung des Anteils.

In Anlehnung an das Reichsgericht befürworten Teile der Literatur ebenfalls ein Ruhen des mit dem Geschäftsanteil verbundenen Mitgliedschaftsrechts des austrittswilligen Gesellschafters ab Zugang der Austrittserklärung.[106)] Sofern überhaupt eine Begründung gegeben wird, geht man davon aus, daß es nicht im Interesse des austrittswilligen Gesellschafters liege, vom Zeitpunkt seiner Austrittserklärung an noch mitgliedsschaftrechtlich mit der Gesellschaft und seinen Mitgesellschaftern verbunden zu bleiben und mit ihnen an Gesellschafterbeschlüssen teilzunehmen und teilnehmen zu müssen. Die Gesellschaft ihrerseits habe ein schutzwertes Interesse an einer sofortigen mitgliedschaftsrechtlichen Trennung vom austretenden Gesellschafter, der wegen persönlicher Unzumutbarkeit der Fortsetzung seiner Mitgliedschaft den Austritt erklärt habe.[107)]

---

104) RGZ 114, 212 (218 f); 125, 114 (118).

105) Zur Kündigung der Mitgliedschaft bei einer GmbH gem. § 13 GWB vgl. Immenga in Immenga/Mestmäcker, GWB, § 13 Rdnr. 24 ff.

106) Hachenburg-Ulmer, § 34 Anh Rdnr. 52; Immenga, S. 312; Esch, GmbH-Rdsch 1981, 25 (27 f); Fichtner, BB 1967, 17 (18); vgl. auch W. Vogel in FS für Knur, S. 259 (271 f, 277).

107) So die Interessenbewertung von Esch, GmbH-Rdsch 1981, 25 (28).

Diese Rechtsauffassung überzeugt jedoch weder in ihrem Ausgangspunkt noch mit ihrer Begründung:
Ein Grund für ein ruhendes Mitgliedschaftsrecht des austrittswilligen Gesellschafters ist nicht ersichtlich. Einer Begründung bedarf es aber, wenn man den Austretenden seiner mitgliedschaftlichen Rechte und Pflichten entkleiden will, obwohl seine Gesellschafterstellung noch fortbesteht. Mit der Interessenlage der am Austrittsverfahren Beteiligten ist ein Ruhen sämtlicher Mitgliedschaftsrechte und -pflichten nicht zu rechtfertigen. Die vorgenommene Interessenbewertung verkennt, daß der austretende Gesellschafter durch seinen Geschäftsanteil vermögensrechtlich mit der GmbH verbunden bleibt. Ihn wird deshalb zumindest bis zur Auszahlung seiner Abfindung die weitere wirtschaftliche Entwicklung der Gesellschaft interessieren, auch wenn er zu diesem Zeitpunkt auf eine unternehmerische Betätigung in der GmbH keinen Wert mehr legt.[108)] Zudem ist es nicht erforderlich, die GmbH vor einer mißbräuchlichen Rechtsausübung seitens des austrittswilligen Gesellschafters vorbeugend zu schützen. Die Interessen der Gesellschaft sind auch bei einem vorläufigen Fortbestand der Mitgliedschaftsrechte hinreichend geschützt. Einerseits wird der den Austritt erklärende Gesellschafter regelmäßig nur ein auf die Dauer seiner Mitgliedschaft begrenztes Interesse an den Tätigkeiten der Gesellschaft haben, so daß er in dieser Situation kaum noch Beschlüsse der Gesellschafterversammlung mehr mittragen will.[109)] Die Gefahr einer rechtsmißbräuchlichen Ausübung seiner Rechte zum Nachteil der GmbH besteht somit nicht von vornherein. Andererseits kann die Gesellschaft

---

108) So BGHZ 88, 320 (325); BGH WM 1983, 1354 (1355); OLG Celle GmbH-Rdsch 1983, 273 (274); Eder in GmbH-Handbuch I, Rz. I 427.3.

109) Balz, S. 118; ders., DB 1984, 1865 (1866).

bei mißbräuchlicher Ausübung der Rechte durch den Austretenden seine Mitverwaltungsrechte aus wichtigem Grund untersagen oder eine einstweilige Verfügung auf Ruhen dieser Rechte erwirken.[110)]
Schließlich spricht das schutzwürdige Interesse der Gesellschaftsgläubiger an der Erhaltung des Stammkapitals gegen ein ruhendes Mitgliedschaftsrecht. Danach kann der austretende Gesellschafter nicht schon mit Zugang der Austrittserklärung von seiner durch die zwingenden Stammkapitalerhaltungsvorschriften begründeten Verantwortung entbunden werden.[111)]
Die Interessenlage der am Austrittsverfahren Beteiligten verlangt somit eher den Fortbestand der mitgliedschaftlichen Rechte und Pflichten des Austretenden für die Zeit zwischen Austrittserklärung und vollzogenem Austritt.
Folgerichtig hat sich dann auch die neuere Rechtsprechung[112)] und der überwiegende Teil der Literatur[113)] dafür ausgespro-

---

110) Rowedder in Rowedder, GmbHG, § 34 Rdnr. 59; Balz, DB 1984, 1865 (1866, 1869); Scholz, Ausschließung und Austritt, S. 53.

111) BGHZ 88, 320 (326); BGH WM 1983, 1354 (1355); OLG Celle GmbH-Rdsch 1983, 273 (274); Scholz-Winter, § 15 Rdnr. 124.

112) BGHZ 88, 320 (326 ff); BGH WM 1983, aaO; OLG Celle GmbH-Rdsch 1983, aaO; vgl. auch OLG Karlsruhe BB 1984, 2015 (2016).

113) Scholz-Winter, § 15 Rdnr. 123; Hueck in Baumbach/Hueck, GmbHG, Anh § 34 Rdnr. 22; Rowedder in Rowedder, GmbHG, § 34 Rdnr. 57; Lutter/Hommelhoff, GmbHG, § 34 Rdnr. 19; Meyer-Landrut/Miller/Niehus, GmbHG, § 15 Rdnr. 40; Eder in GmbH-Handbuch I, Rz. 427.3; Goutier/Seydel/Eser/Wolf, GmbH-Praxis, 1. Teil, § 34 Rdnr. 31; Balz, S. 116 ff; ders., DB 1984, 1865 (1866); Scholz, Ausschließung und Austritt, aaO; vgl. auch M. Becker, Austritt, S. 187 ff, der zwischen den einzelnen Mitgliedschaftsrechten differenziert.

chen, daß der austretende Gesellschafter bis zur Einziehung oder Abtretung seines Geschäftsanteils alle Rechte und Pflichten eines Gesellschafters behält. Zur Begründung wird weiter angeführt, daß die mit dem Geschäftsanteil verbundenen Mitgliedschaftsrechte und -pflichten grundsätzlich erst erlöschen, wenn auch das Mitgliedschaftsverhältnis als solches beendet werde. Solange der Austretende aber der Gesellschaft gegenüber als Gesellschafter ausgewiesen bleibe, sei die GmbH berechtigt und verpflichtet, ihn entsprechend dieser Rechtsstellung zu behandeln.[114)]

Dieser Ansicht ist zuzustimmen. Es ist richtigerweise davon auszugehen, daß die Rechte und Pflichten des austretenden Gesellschafters erst mit der Einziehung oder der Abtretung seines Geschäftsanteils erlöschen. Jedoch hat die Austrittserklärung auf die einzelnen vermögensrechtlichen und nichtvermögensrechtlichen Mitgliedschaftsrechte und -pflichten zum Teil unterschiedliche Auswirkungen:[115)]

Von den Mitverwaltungsrechten ist insbesondere die Ausübung des Stimmrechts nach der Austrittserklärung gewissen Einschränkungen unterworfen. Sie resultieren aus der fortbestehenden gesellschaftlichen Treuepflicht des Austretenden. Danach ist er bis zu seinem endgültigen Ausscheiden in besonderem Maße zur Zurückhaltung bei der Ausübung seines Stimmrechts in der Gesellschafterversammlung verpflichtet. Er darf nicht ohne trifftigen Grund gegen eine von den übrigen Gesellschaftern vorgeschlagene und sachlich vertretbare Maßnahme stimmen, die seine Vermögensinteressen unmittelbar oder mittelbar nicht beeinträchtigt.[116)] Dagegen kann das Stimm-

---

114) BGHZ 88, 320 (323); M. Becker, Austritt, S. 186.

115) Dazu ausführlich Balz, DB 1984, 1865 (1866 ff); M. Bekker, Austritt, S. 187 ff.

116) BGHZ 88, 320 (328); BGH WM 1983, 1354 (1355); M. Becker, Austritt, S. 189, Scholz-Winter, § 15 Rdnr. 123 m.w.N.

recht im Einzelfall nicht davon abhängig gemacht werden, daß die Entscheidung das Abfindungsinteresse des Austretenden mittelbar oder unmittelbar berührt.[117)]

Weiterhin stehen dem Gesellschafter nach seinem erklärten Austritt sowohl die Auskunfts- und Einsichtsrechte nach §§ 51 a, 51 b als auch die Minderheitsrechte grundsätzlich in vollem Umfang zu.[118)] Das Recht des Gesellschafters, die Gesellschaft gem. § 61 aus wichtigem Grund aufzulösen, ist jedoch auf die Fälle beschränkt, wo die Auflösungsgründe i. S. d. § 61 nach dem Zugang der Austrittserklärung entstehen und dem austretenden Gesellschafter erst dann bekannt werden.[119)] Das Kündigungsrecht des Austrittswilligen setzt nicht einen zehnprozentigen Anteil am Stammkapital gem. § 61 II 2 voraus.[120)] Dient das Ausflösungsrecht aber der Abwicklung des Austritts, etwa wenn die GmbH den Geschäftsanteil innerhalb einer angemessenen Zeit weder verwertet noch die Abfindung leistet, so steht dem austretenden Gesellschafter unabhängig von den Voraussetzungen des § 61 I, II 2 das Recht zur Erhebung der Auflösungsklage gegen die GmbH zu.[121)]

Für die Zeit bis zum endgültigen Ausscheiden behält der Austretende auch seinen vollen Gewinnanspruch gem. § 29.[122)] Im

---

117) BGHZ 88, 320 (328); M. Becker, Austritt, aaO.

118) Balz, DB 1984, 1865 (1869); M. Becker, Austritt, S. 187 f.

119) So richtig Balz, DB 1984, aaO.

120) Balz, S. 122.

121) H. M.: vgl. statt vieler Scholz-Winter, § 15 Rdnr. 127; Hueck in Baumbach/Hueck, GmbHG, Anh § 34 Rdnr. 20, jeweils mit weiteren Nachweisen aus Rechtsprechung und Literatur.

122) Scholz-Winter, § 15 Rdnr. 123; Balz, DB 1984, 1865 (1867). A. A. M. Becker, Austritt, S. 187.

Einzelfall kann die Satzung etwas anderes bestimmen.[123)]Von den weiteren Vermögensrechten stehen ihm sowohl der Rückerstattungsanspruch bei einer Kapitalherabsetzung gem. § 58 als auch ein Anspruch auf Auszahlung des Liquidationserlöses gem. § 72 zu.[124)] Lediglich das Bezugsrecht auf neue Geschäftsanteile nach einer Kapitalerhöhung ist für den Gesellschafter nach seinem erklärten Austritt nicht mehr interessengerecht, da er an einer Verstärkung seiner Gesellschafterstellung gerade nicht mehr interessiert ist.[125)] Auf der anderen Seite ist er mit Zugang der Austrittserklärung nicht von seinen vermögensrechtlichen Pflichten entbunden. Im Vordergrund steht dabei die Pflicht zur Aufbringung und Erhaltung des Stammkapitals. Bis zu seinem endgültigen Ausscheiden aus der GmbH muß er eingeforderte Stammeinlagen oder Haftungsleistungen gem. §§ 24, 31 III erbringen.[126)] Dies gilt grundsätzlich auch für die Leistung von Nachschüssen während dieses Zeitraums, wenn der Gesellschaftsvertrag eine unbeschränkte Nachschußpflicht vorsieht.[127)]

Diese Rechtsstellung des austretenden Gesellschafters in der Zeit zwischen seiner Austrittserklärung und dem Vollzug des Austritts durch die Gesellschaft gewährleistet eine einheitliche Behandlung der Gesellschafterstellung und des Schicksals des Geschäftsanteils des ausscheidenden Gesellschafters

---

123) Vgl. BGHZ 88, 320 (323); Hueck in Baumbach/Hueck, GmbHG, Anh § 34 Rdnr. 22 a. E.

124) Hierzu näher Balz, DB 1984, aaO.

125) M. Becker, Austritt, aaO.

126) BGHZ 88, 320 (326 f); OLG Karlsruhe BB 1984, 2015 (2016); ausführlich dazu Balz, DB 1984, 1865 (1867 f).

127) Zum Abandonrecht des Austretenden gem. § 27 I näher Balz, DB 1984, 1865 (1868).

beim gesetzlich nicht geregelten Ausschluß und Austritt aus wichtigem Grund:
Beide Verfahren betreffen in erster Linie den Gesellschafter persönlich, während sein Geschäftsanteil zunächst unberührt bleibt. Der ausscheidende Gesellschafter bleibt solange Inhaber seines Geschäftsanteils bis die Gesellschaft den Anteil nach ihrer Wahl verwertet hat. Ist der Gesellschafter noch nicht wirksam aus der GmbH ausgeschieden, so stehen ihm grundsätzlich auch die mit dem Geschäftsanteil verbundenen Rechte und Pflichten zu. Jedoch ist die Ausübung der Mitverwaltungsrechte, insbesondere das Stimmrecht durch die fortbestehende gesellschaftliche Treuepflicht eingeschränkt, was aber die schützenswerten Interessen des ausscheidenden Gesellschafters an der Sicherung seines Abfindungsanspruchs nicht beeinträchtigt. Ein sofortiger Verlust seiner Mitgliedschaftsrechte und -pflichten schon für die Dauer des Ausschluß- bzw. Austrittsverfahrens kann nach der vorherrschenden Interessenlage der Beteiligten nicht eintreten.
Der GmbH ist es bei beiden Verfahren möglich, den Geschäftsanteil des Ausscheidenden unter Einhaltung der Stammkapitalerhaltungsvorschriften der §§ 19 II, 30 I, 33 II im Rahmen der Verwertung als eigenen zu erwerben. Bei der Ausschließung aus wichtigem Grund erwirb die Gesellschaft infolge einer wirksamen fristgemäßen Abfindungszahlung ohne gleichzeitige Verwertung sofort den volleingezahlten Geschäftsanteil des Ausscheidenden.[128)]

---

128) Vgl. oben Gliederungspunkt B. IV. 1. b) dd) (2) nach Fn. 90.

C. SCHLUSSBEMERKUNG

Die GmbH kann eigene Geschäftsanteile sowohl durch Rechtsgeschäft als auch kraft Gesetzes im Rahmen des Kaduzierungs- bzw. Nachschußverfahrens erwerben. Darüber hinaus ergeben sich für die GmbH Erwerbstatbestände bei der entgeltlichen Einziehung eines Geschäftsanteils sowie beim gesetzlich nicht geregelten Ausschluß bzw. Austritt eines Gesellschafters aus wichtigem Grund. Überall dort, wo die Gesellschaft Trägerin eigener Geschäftsanteile wird, ist ihre Rechtsträgerschaft von der Eigenart des Mitgliedschaftsverhältnisses innerhalb der GmbH sowie von der Interessenlage der jeweiligen Beteiligten geprägt:
Solange die GmbH einen eigenen Geschäftsanteil i. S. d. § 33 hält, darf sie das mit diesem Anteil verbundene Mitgliedschaftsrecht nicht ausüben, da sämtliche mitgliedschaftlichen Rechte und Pflichten ruhen. Das schützenswerte wirtschaftliche Interesse der übrigen Gesellschafter und die Vermeidung einer drohenden Interessenkollision zwischen ihnen und der Verwaltung verbieten die Ausübung der Mitverwaltungs- und Vermögensrechte aus dem eigenen Anteil der GmbH. Die GmbH hat in dem eigenen Anteil lediglich einen Vermögenswert, über den sie frei verfügen kann.
Auch bei der Entstehung der Rechtsträgerschaft gem. § 33 spielt die Interessenlage der Beteiligten eine wesentliche Rolle. Der rechtsgeschäftliche Erwerb eines Geschäftsanteils bietet sich für die GmbH häufig im Falle des Ausscheidens eines Gesellschafters an, um den Mitgliederkreis begrenzt zu halten und das Eindringen unerwünschter Personen in die Gesellschaft zu verhindern. Namentlich beim Ausschluß oder Austritt eines Gesellschafters aus wichtigem Grund kann die GmbH den Geschäftsanteil des Ausscheidenden im Rahmen der Verwertung als eigenen erwerben. Mangels eines noch zu schützenden Interesses des auszuschließenden Gesellschafters fällt sein

volleingezahlter Geschäftsanteil zudem automatisch an die Gesellschaft, wenn sie ihn fristgemäß unter Beachtung der §§ 30 I, 31 abfindet, ohne gleichzeitig den Anteil verwertet zu haben.

Auch dem gesetzlichen Erwerb des unverkäuflichen abandonnierten Geschäftsanteils gem. § 27 III liegt eine ähnliche Interessenlage zugrunde. Der betroffene Gesellschafter hat sein Abandonrecht gem. § 27 I ausgeübt und seinen Geschäftsanteil der Gesellschaft zur Verfügung gestellt. Er will weder für den eingeforderten Nachschußbetrag haften noch an der Gesellschaft wieder beteiligt sein, wenn die Verwertung seines Anteils scheitern sollte. Die GmbH ist aber weiter an der Aufbringung des vollen Nachschußbetrages interessiert. Mit dem Anfall des unverkäuflichen Anteils in ihr Gesellschaftsvermögen kann sie im eigenen Namen und für eigene Rechnung einen erneuten Veräußerungsversuch unternehmen.

Bei der entgeltlichen Einziehung folgt der Rechtserwerb eines eigenen Geschäftsanteils der GmbH i. S. d. § 33 einerseits aus dem bei jeder entgeltlichen Einziehung zu beachtenden Stammkapitalerhaltungsgebot, dessen Einhaltung gem. § 34 III, § 30 I gesetzliches Wirksamkeitserfordernis für den Einziehungsbeschluß ist. Mit Rücksicht auf das schützenswerte Interesse des betroffenen Gesellschafters an einer ihm endgültig verbleibenden Abfindung ist die Anteilsvernichtung aufschiebend bedingt. Jedoch richtet sich die Einziehung als Gestaltungsakt unmittelbar gegen den Geschäftsanteil. Der bereits vor Bedingungseintritt stattfindende Erwerb des Anteils durch die GmbH entspricht ihrem Interesse an einem mit Zugang des Einziehungsbeschlusses eintretenden Anteilsverlust beim betroffenen Gesellschafter.

Andererseits wird die GmbH Rechtsträgerin des Geschäftsanteils, der anstelle des eingezogenen neugebildet wird. Damit wird eine nicht interessengerechte Verschiebung der Beteiligungsverhältnisse der Gesellschafter untereinander verhindert.

Von der Rechtsträgerschaft der GmbH i. S. d. § 33 ist die zweckgebundene Inhaberschaft der GmbH am kaduzierten Geschäftsanteil gem. § 21 II 1 zu unterscheiden. Diese besondere Rechtsstellung der GmbH am kaduzierten Geschäftsanteil bis zum Eintritt eines neuen Gesellschafters entspricht der beim Kaduzierungsverfahren vorherrschenden Interessenlage. Im Vordergrund steht das schützenswerte Interesse der Gesellschaft an der vollständigen Aufbringung des Stammkapitals. Zu seiner Durchsetzung sieht das GmbH-Gesetz die zweckgebundene Rechtsträgerschaft der GmbH am kaduzierten Geschäftsanteil vor, die einzig auf die Neubesetzung der freigewordenen Mitgliedsstelle bei gleichzeitiger Sicherung der Stammkapitalaufbringung ausgerichtet ist. Die GmbH kann nur im Rahmen der §§ 22 - 24 über den Anteil verfügen. Auch ist ihr die Ausübung der mit diesem Anteil verbundenen Mitverwaltungs- und Vermögensrechte aufgrund der zweckgebundenen Inhaberschaft untersagt, da sie den kaduzierten Geschäftsanteil vermögensrechtlich wie auch herrschaftsrechtlich für den zukünftigen Erwerber hält. Erst wenn die Unverkäuflichkeit des kaduzierten Geschäftsanteils feststeht, erwirbt die GmbH an diesem Anteil die volle Rechtsträgerschaft gem. § 33. Die Aufbringung der rückständigen Einlagerate ist dann durch die Ausfallhaftung gem. §§ 21 III, 24 gesichert.

ABKÜRZUNGSVERZEICHNIS

a.A.	anderer Ansicht
aaO	am angegebenen Ort
a. E.	am Ende
AG	Aktiengesellschaft
AktG	Aktiengesetz
allg. M.	allgemeine Meinung
Anh	Anhang
Anm.	Anmerkung
AT	Allgemeiner Teil
Aufl.	Auflage
BayObLG	Bayrisches Oberstes Landesgericht
BB	Der Betriebsberater
Bd.	Band
BFH	Bundesfinanzhof, auch Sammlung der Entscheidungen und Gutachten des BFH
BGB	Bürgerliches Gesetzbuch
BGH	Bundesgerichtshof
BGHSt	Entscheidungen des BGH in Strafsachen
BGHZ	Entscheidungen des BGH in Zivilsachen
BT	Bundestag
bzw.	beziehungsweise
DB	Der Betrieb
ders.	derselbe
d. h.	das heißt
DJ	Deutsche Justiz
DNotZ	Deutsche Notar-Zeitung
DR	Deutsches Recht
Dt. PrivatR	Deutsches Privatrecht
EFG	Entscheidungen der Finanzgerichte
Einf	Einführung
Ergbd.	Ergänzungsband

f, ff	folgend(e)
FG	Finanzgericht
Fn.	Fußnote
FS	Festschrift
gem.	gemäß
GmbH	Gesellschaft mit beschränkter Haftung
GmbHG	Gesetz betreffend die Gesellschaften mit beschränkter Haftung
GmbH-Rdsch	GmbH-Rundschau
Großkomm	Großkommentar
GWB	Gesetz gegen Wettbewerbsbeschränkung
HGB	Handelsgesetzbuch
h. M.	herrschende Meinung
i. S. d.	im Sinne des
i. V. m.	in Verbindung mit
JR	Juristische Rundschau
JW	Juristische Wochenschrift
KG	Kammergericht
Komm	Kommentar
m. E.	meines Erachtens
MittRhNotK	Mitteilungen der Rheinischen Notarkammer
m. w. N.	mit weiteren Nachweisen
NJW	Neue Juristische Wochenschrift
Nr.	Nummer
OLG	Oberlandesgericht
PrOVG	Preußisches Oberverwaltungsgericht
PrVerwBl	Preußische Verwaltungsblätter
Rdnr.	Randnummer
Recht	Das Recht
RegE	Regierungsentwurf
RFH	Reichsfinanzhof
RGZ	Entscheidungen des Reichsgerichs in Zivilsachen

Rz.	Randzeichen
S.	Seite
sog.	sogenannt
u. a.	und andere
umstr.	umstritten
vgl.	vergleiche
Vorbem	Vorbemerkung
WM	Wertpapier-Mitteilungen
z. B.	zum Beispiel
ZHR	Zeitschrift für das gesamte Handelsrecht und Wirtschaftsrecht
ZPO	Zivilprozeßordnung

LITERATURVERZEICHNIS

Adler Dühring Schmaltz	Rechnungslegung und Prüfung der Aktiengesellschaft. Handkommentar, Band I (Rechnungslegung). 4. Auflage, Stuttgart 1968.
Aktiengesetz,	Großkommentar. Band I, 1. Halbband, §§ 1-75, 3. Auflage von Carl Hans Barz u. a., Berlin, New York 1973.
Balz, Gerhard, K.	Die Beendigung der Mitgliedschaft in der GmbH. Schriften zum Wirtschaftsrecht, Band 49, Berlin 1984.
Balz, Gerhard, K.	Rechtstatsachen zur Ausschließung und zum Austritt von Gesellschaftern der GmbH. In: GmbH-Rundschau 1983, S. 185 - 193.
Balz, Gerhard, K.	Rechte und Pflichten des Gesellschafters nach Austritt aus der GmbH. In: Der Betrieb 1984, S. 1865 - 1870.
Bartl, Harald und Henkes, Ulrich	GmbH-Recht. Handbuch und Kommentar. 2. Auflage, Heidelberg 1986.
Baumbach, Adolf und Hueck, Alfred	GmbH-Gesetz, Kommentar. 13. Auflage, München 1970.
Baumbach, Adolf und Hueck, Alfred	GmbH-Gesetz, Kommentar. Bearbeitet von Götz Hueck, Joachim Schulze-Osterloh und Wolfgang Zöllner. 15. Auflage, München 1988.
Baumbach, Adolf und Hueck, Alfred	Aktiengesetz. 13. Auflage, München 1968.
Becker, Karl	Die handels- und steuerrechtliche Behandlung des Erwerbes eigener Geschäftsanteile im Kaduzierung- und Nachschußverfahren sowie bei der Amortisation. In: GmbH-Rundschau 1925, S. 153 - 159 und S. 211 - 216.
Becker, Karl	Der Erwerb eigener Geschäftsanteile nach § 33 GmbHG und nach Steuerrecht. In: GmbH-Rundschau 1925, S. 101 - 109.

Becker, Karl	Welche Sicherungen können im Gesellschaftsvertrag vorgesehen werden für den Fall der Zwangsvollstreckung in einen Geschäftsanteil und für den Fall des Konkurses eines Gesellschafters? In: GmbH-Rundschau 1930, S. 567 - 576.
Becker, Karl	Die Kaduzierung von GmbH-Anteilen. In: GmbH-Rundschau 1935, S. 857 - 864.
Becker, Karl	Eigene Geschäftsanteile der GmbH. In: GmbH-Rundschau 1938, S. 700 - 711.
Becker, Karl	Der abandonnierte Geschäftsanteil. In: GmbH-Rundschau 1939, S. 571 - 582.
Becker, Michael	Der Austritt aus der GmbH. (Schriftenreihe des Instituts für Europäisches Recht an der Universität des Saarlandes, Band 20). Kehl, Straßburg, Arlington 1985.
Beuck, W.	Erwerb eigener Anteile, Einziehung, Kaduzierung, Abandon und ihre buchmäßige Behandlung. In: GmbH-Rundschau 196, S. 123 - 126.
Bretting, Odo	Die Kaduzierung von Aktien. Diss., Halle a. d. Saale, 1918.
Brodmann, Erich	Gesetz betreffend Gesellschaften mit beschränkter Haftung - Kommentar. 2. Auflage, Berlin, Leipzig 1930.
Buchwald, F.	Der eigene Anteil der GmbH. In: GmbH-Rundschau 1958, S. 169 - 173.
Buchwald, F.	Die Einziehung eines Geschäftsanteils. In: GmbH-Rundschau 1959, S. 68 - 69.
Buchwald, F.	Kaduzierung eines Geschäftsanteils und Abandonrecht. In: GmbH-Rundschau 1959, S. 108 - 110.
Buchwald, F.	Zum Wesen des GmbH-Geschäftsanteils. In: GmbH-Rundschau 1962, S. 25 - 26.
Burkert, Manfred	Die GmbH: Recht, Steuern, Betriebswirtschaft. Bielefeld 1981.

Cossack, Konrad	Eigene Aktien als Bestandteile des Vermögens einer Aktiengesellschaft. In: Festschrift für die juristische Fakultät der Universität Giessen, 1907, S. 109 - 135.
Crüger, Hans und Crecelius, Adolf	Das Reichsgesetz betreffend die Gesellschaften mit beschränkter Haftung. 6. Auflage, Berlin, Leipzig 1922.
Däubler, Wolfgang	Die Vererbung des Geschäftsanteils bei der GmbH. In: Rechtsfragen der Handelsgesellschaften, Heft 12, 1965.
Dreiss, W. und Eitel-Dreiss, M.	Unfreiwilliges Ausscheiden aus Gesellschaften insbesondere der GmbH (nebst Co.). Bergisch Gladbach 1971.
Düringer Hachenburg	Das Handelsgesetzbuch. Bd. III, 1. Teil, §§ 178 - 230 a. 3. Auflage, Mannheim, Berlin, Leipzig 1934.
Ebke, Werner F.	Rezension der Dissertation von Ilias Soufleros: Ausschließung und Abfindung eines GmbH-Gesellschafters. In: Zeitschrift für das gesamte Handelsrecht und Wirtschaftsrecht, 148. Band, 1984, S. 497 - 502.
Entwurf	eines Gesetzes betreffend die Gesellschaften mit beschränkter Haftung nebst Begründung und Anlagen. Amtliche Ausgabe, Berlin 1891.
Esch, Günter	Die mitgliedschafts- und steuerrechtlichen Wirkungen der Ausschließung oder des Austritts aus einer GmbH aus wichtigem Grund. In: GmbH-Rundschau 1981, S. 25 - 30.
Eser, Gisbert	Zur Ausschließbarkeit eines GmbH-Gesellschafters außerhalb der Satzung. In: Der Betrieb 1985, S. 29 - 32.
Feine, Hans-Erich	Handbuch des gesamten Handelsrechts. 3. Band, III. Abteilung: Die Gesellschaft mit beschränkter Haftung. Leipzig 1929.

Fichtner, Dieter — Kaduzierung, Einziehung und Ausschließung bei der GmbH.
In: Betriebs-Berater 1966, S. 146 - 149.

Fichtner, Dieter — Austritt und Kündigung bei der GmbH.
In: Betriebs-Berater 1967, S. 17 - 18.

Finger, Peter — Einziehung des Geschäftsanteils beim Tode eines Gesellschafters und Nachfolgeregelung.
In: GmbH-Rundschau 1975, S. 97 - 104.

Fischer, Gerhard — Die zwangsweise Ausschließung eines GmbH-Gesellschafters aus wichtigem Grund.
Diss., Tübingen 1969.

Fischer, Robert — Die personalistische GmbH als rechtspolitisches Problem.
In: Festschrift für Walter Schmidt, S. 117 - 137.
Berlin 1959.

Fischer, Robert — GmbH-Gesetz, Kommentar.
10. Auflage, Köln 1983.

Freund, Hans, Egon — Das Recht der Ausschließung von Gesellschaftern aus wichtigem Grunde in den Gesetzen betreffend die Gesellschaften mit beschränkter Haftung in den europäischen Staaten.
Diss., Köln 1962.

Ganßmüller, Helmut — Gesellschafter-Ausschließung und Wiederaufnahmeverfahren.
In: GmbH-Rundschau 1956, S. 129 - 133 und S. 145 - 150.

Ganßmüller, Helmut — Ausschließung eines Gesellschafters aus einer GmbH.
In: GmbH-Rundschau 1963, S. 65 - 67.

Geßler, Hefermehl, Eckardt, Kropff — Aktiengesetz.
Band I, §§ 1 - 75.
München 1973 - 1984.

Gierke, Otto — Deutsches Privatrecht.
Erster Band: Allgemeiner Teil und Personenrecht.
Leipzig 1895.

GmbH-Handbuch	Band I: Gesellschaftsrecht/Rechnungswesen von Karl Eder u. a. Losebl.-Sammlung, 11. Auflage, Köln 1969/1985.
Godin, Reinhard von	Neubildung eines Geschäftsanteils ohne Erhöhung des Stammkapitals. In: Deutsche Justiz 1943, S. 131 - 133 (Justiz-Ministerial-Blatt für die preußische Gesetzgebung und Rechtspflege).
Godin, Reinhard von und Wilhelmi, Hans	Aktiengesetz. Band I: §§ 1 - 178. 4. Auflage, Berlin, New York 1977.
Godosar, Erwin	Die Haftung der Gesellschafter einer GmbH für die Einzahlung der Stammeinlagen. Diss., Gießen 1932. In: Kleine Schriften zum GmbH-Gesetz, Band I.
Gonnella, Robert	Neubildung eines Anteils ohne Kapitalerhöhung an Stelle eines eingezogenen Geschäftsanteils. In: GmbH-Rundschau 1962, S. 253 - 256.
Gonnella, Robert	Kann die GmbH & Co. KG Inhaberin sämtlicher Geschäftsanteile ihrer allein persönlich haftenden GmbH-Komplementärin sein? In: Der Betrieb 1965, S. 1165 - 1167.
Gonnella, Robert	Die zukünftige Regelung des Gesellschafterausschlusses in der GmbH. In: GmbH-Rundschau 1967, S. 69 - 94.
Goutier Seydel Eser Wolf	GmbH-Praxis: Recht - Steuern - Rechnungslegung, mit Erläuterungen zum GmbH-Gesetz, Umwandlungsgesetz, Kapitalerhöhungsgesetz, GmbH & Co. KG, GmbH im Steuerrecht, Rechnungslegung nach BiRiLiG. 2. Ergänzungslieferung 1987, Herne, Berlin 1981/1987.
Grothus, Jost	Das Selbstkontrahieren des Gesellschafter-Geschäftsführers einer Einmann-GmbH. In: GmbH-Rundschau 1958, S. 17 - 20.
Grunewald, Barbara	Der Ausschluß aus Gesellschaft und Verein. Köln, Bonn, Berlin, München 1987.

Hachenburg, Max	Kommentar zum Gesetz betreffend die Gesellschaften mit beschränkter Haftung. 5. Auflage, Berlin, Leipzig 1926.
Hachenburg, Max	Kommentar zum Gesetz betreffend die Gesellschaften mit beschränkter Haftung. Erster Band (§§ 1 - 34). 6. Auflage, Berlin 1956.
Hachenburg, Max	Kommentar zum Gesetz betreffend die Gesellschaften mit beschränkter Haftung. Erster Band (§§ 1 - 12). 7. Auflage, Berlin, New York 1975.
Hachenburg, Max	Kommentar zum Gesetz betreffend die Gesellschaften mit beschränkter Haftung. Zweiter Band (§§ 13 - 52). 7. Auflage, Berlin, New York 1979.
Hachenburg, Max	Kommentar zum Gesetz betreffend die Gesellschaften mit beschränkter Haftung. 7. Auflage, Ergänzungsband (§§ 1 - 12, 2. Bearb. 1984) und GmbH-Novelle 1980. Berlin, New York 1985.
Hachenburg, Max	Verkauf eigener Aktien durch die Aktiengesellschaft und eigener Geschäftsanteile durch die Gesellschaft m. b. H. In: Das Recht 1907, S. 225 - 232.
Haegele, Karl	Rechtsbeziehungen und Wechselwirkungen zwischen GmbH-Satzung und Gesellschafter-Testament. In: GmbH-Rundschau 1972, S. 219 - 224.
Halem, Gustav Adolph von	Die Kaduzierung von Aktien und Geschäftsanteilen einer GmbH. Diss., Köln 1961.
Hansen, Paul	Der Erwerb eigener Geschäftsanteile durch die Gesellschaft mit beschränkter Haftung. Diss., Leipzig 1912.
Harst, Jürgen	Zur Zwangseinziehung von Geschäftsanteilen. In: GmbH-Rundschau 1987, S. 183 - 186.
Hartmann, Bernhard	Der ausscheidende Gesellschafter in der Wirtschaftspraxis. 4. Auflage, Köln 1983.

Hartmann, Bernhard — Der Ausschluß eines GmbH-Gesellschafters. In: GmbH-Rundschau 1962, S. 5 - 10.

Heim, Justus — Änderung des Nennbetrages von GmbH-Anteilen. In: Deutsches Recht 1944, S. 320 - 322.

Hilber, Vogel, Schoeler — Das neue GmbH-Gesetz: Bilanzrichtlinien, Kommentare und Musterverträge für Geschäftsführer, Gesellschafter und Berater. 2. Auflage, Wiesbaden 1987.

Hirsch, Hans Christoph — Die Übertragung der Rechtsausübung - Vervielfältigung der Rechte. Erster Teil. Berlin 1910.

Hösel, Wolfgang — Eigene Geschäftsanteile der GmbH. In: DNotZ 1958, S. 5 - 16.

Hohner, Georg — Subjektlose Rechte. Schriften zum Deutschen und Europäischen Zivil-, Handels- und Prozeßrecht, Band 59. Bielefeld 1969.

Hohner, Georg — Die Bereinigung fehlerhafter GmbH-Anteile. In: Festschrift für Carl Hans Barz, S. 147 - 170. Berlin, New York 1974.

Huber, Ulrich — Vermögensanteil, Kapitalanteil und Gesellschaftsanteil an Personalgesellschaften des Handelsrechts. Heidelberg 1970.

Hueck, Alfred — Ausschluß eines Gesellschafters aus einer GmbH. In: Der Betrieb 1953, S. 776 - 778.

Hueck, Alfred — Die Bedeutung der Zwangsamortisation von Geschäftsanteilen für die Sicherung einer Finanzierungs-GmbH. In: Der Betrieb 1957, S. 37 - 40.

Immenga, Ulrich — Die personalistische Kapitalgesellschaft. Bad Homburg v. d. H. 1970.

Immenga, Ulrich und Mestmäcker, Ernst-Joachim	Kommentar zum Gesetz gegen Wettbewerbsbeschränkung. München 1981.
Jung, Walter	Der Ausschluß, der Austritt von Gesellschaftern aus einer GmbH und die Einziehung von Geschäftsanteilen. In: Mitteilungen der Rheinischen Notarkammer 1969, S. 806 - 849.
Karow, Hans-Gerhard	Die Amortisation von Geschäftsanteilen bei einer GmbH. Diss., Thübingen 1932. In: Kleine Schriften zum GmbH-Gesetz, Band I.
Klaus. Herbert und Birle, Jürgen	Die GmbH: Gesellschaftsrecht, Steuerrecht. 4. Auflage, Ludwigshafen 1986.
Kölner Kommentar	Zum Aktiengesetz, Band 1. Von Kurt H. Biedenkopf u. a. Köln, Berlin, Bonn, München 1970.
Kreutz, Peter	Von der Einmann- zur "Keinmann"-GmbH? In: Festschrift für Walter Stimpel, S. 379 - 397. Berlin, New York 1985.
Küster, Werner	Die Ausschließung eines Gesellschafters aus der GmbH. In: Juristische Rundschau 1952, S. 455 - 457.
Larenz, Karl	Allgemeiner Teil des Deutschen Bürgerlichen Rechts. 6. Auflage, München 1983.
Lehmann, H. und Dietz, R.	Gesellschaftsrecht. 3. Auflage, Berlin, Frankfurt/Main 1970.
Liebmann, J. und Saenger, A.	Kommentar zum Gesetz betreffend die Gesellschaften mit beschränkter Haftung. 7. Auflage, Berlin 1927.
Lutter, Marcus	Kapital, Sicherung der Kapitalaufbringung und Kapitalerhaltung in den Aktien- und GmbH-Rechten der EWG. Karlsruhe 1964.

Lutter, Marcus und Hommelhoff, Peter	GmbH-Gesetz, Kommentar. Früher bearbeitet von Robert Fischer. 12. Auflage, Köln 1987.
Mangold	Neubildung eines Geschäftsanteils ohne Erhöhung des Stammkapitals? In: Deutsche Justiz 1943, S. 179 - 180 (Justiz-Ministerial-Blatt für die preußische Gesetzgebung und Rechtspflege).
Mangold	Zur Frage der Neubildung eines Geschäftsanteils an Stelle eines ohne Kapitalherabsetzung eingezogenen. In: Deutsche Justiz 1944, S. 20 (Justiz-Ministerial-Blatt für die preußische Gesetzgebung und Rechtspflege).
Mangold, Ernst und Mangold, Wolfgang	Ausschließung eines Gesellschafters aus der GmbH. In: Betriebs-Berater 1953, S. 398 - 399.
Meyer-Landrut Miller Niehus	Gesetz betreffend die Gesellschaften mit beschränkter Haftung (GmbHG), einschl. Rechnungslegung zum Einzel- sowie zum Konzernabschluß. Kommentar. Berlin, New York 1987.
Metzger, Hans-Michael	Ausschließung eines Gesellschafters aus einer GmbH. In: GmbH-Rundschau 1963, S. 64 - 65.
Metzger, Hans-Michael	Nochmals: Ausschließung eines Gesellschafters aus einer GmbH. In: GmbH-Rundschau 1963, S. 106 - 107.
Müller, Klaus	Die Verpfändung von GmbH-Anteilen. In: GmbH-Rundschau 1969, S. 4 - 11 und S. 34 - 37.
Neukamp, Ernst und Becker, Karl	Das Reichsgesetz betreffend die Gesellschaften mit beschränkter Haftung. 5./7. Auflage, Berlin 1922.
Neukamp, Ernst	Die Geschäftsanteile der Gesellschaft mit beschränkter Haftung (Schluß). In: Zeitschrift für das gesamte Handelsrecht, Bd. 57, S. 479 - 572.

Niemeier, Wilhelm Günther	Rechtstatsachen und Rechtsfragen der Einziehung von GmbH-Anteilen. Heidelberg, Hamburg 1982.
Niemeier, Wilhelm Günther	Die Willensbildung über die Einziehung von Geschäftsanteilen. In: GmbH-Rundschau 1983, S. 161 - 169.
Oldenburg, Dirk	Die Keinmann-GmbH. Ein unmögliches Rechtsgebilde? Diss., Kiel 1984.
Paulick, Alfred	Die GmbH ohne Gesellschafter. Diss., Bielefeld 1979.
Paulick, Alfred	Die Einziehungsklausel in der Satzung der GmbH. In: GmbH-Rundschau 1978, S. 121 - 126.
Pleyer, Klaus	Einziehung von GmbH-Anteilen durch Satzungsbestimmung. In: GmbH-Rundschau 1960, S. 124 - 127.
Priester, Hans-Joachim	Nachfolgeklauseln im GmbH-Vertrag. In: GmbH-Rundschau 1981, S. 206 - 213.
Rehm, Hermann	Die Bilanzen der Aktiengesellschaften. München 1903.
Ritter, C. und Ritter, J.	Aktiengesetz. 2. Auflage, Berlin, München 1939.
Rosenberg, Leo und Schwab, Karl-Heinz	Zivilprozeßrecht. 14. Auflage, München 1986.
Roth, Günther H.	Gesetz betreffend die Gesellschaften mit beschränkter Haftung mit Erläuterungen (GmbHG). Kommentar, 2. Auflage, München 1987.
Rowedder, Heinz	Gesetz betreffend die Gesellschaften mit beschränkter Haftung (GmbHG), Kommentar. Von Heinz Rowedder u. a., München 1985.
Runkel-Langsdorff, G.	Die Folgen des Erwerbs eigener Aktien durch die Aktiengesellschaft. Leipzig 1906. In: Kleine Handelsrechtliche Schriften, Band XIII.

Ruth, Rudolf — Eigene Aktien und Verwaltungsaktien. In: Gesellschaftsrechtliche Abhandlungen, Heft 9, Berlin 1928.

Rutkowsky, Risse, Lukowsky — Das neue GmbH-Recht für Geschäftsführer, Gesellschafter und Berater. Band 1, 31. Ergänzungslieferung September 1987, Kissing.

Sachs, Rudolf — Zur Einziehung von Geschäftsanteilen wegen Pfändung. In: GmbH-Rundschau 1974, S. 84 - 90.

Sachs, Rudolf — Das Entgelt bei der Anteilseinziehung wegen Pfändung. In: GmbH-Rundschau 1976, S. 60 - 63.

Sachs, Rudolf — Neue Rechtsprechung zur Einziehung von Geschäftsanteilen. In: GmbH-Rundschau 1978, S. 169 - 171.

Schefer, Anton G. — Welche Rechte enthält der Geschäftsanteil eines GmbH-Gesellschafters? In: GmbH-Rundschau 1961, S. 81 - 82.

Scheubel, Josef — Das Kaduzierungsverfahren bei der GmbH. Diss., Erlangen 1950.

Schlegelberger, Franz — Handelsgesetzbuch. Band II (§§ 105 - 342). Erläutert von Ernst Geßler u. a. 4. Auflage, Berlin, Frankfurt/Main 1963.

Schneider, Herbert — Anmerkung zum Urteil des BGH vom 1.4.1953. In: GmbH-Rundschau 1953, S. 74.

Scholz, Franz — Kommentar zum GmbH-Gesetz. 2./3. Auflage, Köln 1950.

Scholz, Franz — Kommentar zum GmbH-Gesetz. 5. Auflage, Köln 1964.

Scholz, Franz — Kommentar zum GmbH-Gesetz. I. Band, §§ 1 - 44. II. Band, §§ 45 - 85. Von Volker Emmerich u. a., 6. Auflage, Köln 1978/83.

Scholz, Franz	Kommentar zum GmbH-Gesetz. I. Band §§ 1 - 40 Anh. Konzernrecht. II. Band §§ 41 - 85 Anh. Umwandlung und Verschmelzung. Bearbeitet von Georg Crezelius u. a., 7. Auflage 1986/88.
Scholz, Franz	Ausschließung und Austritt aus der GmbH. 3. Auflage, Köln 1950.
Scholz, Franz	Anmerkung zum Urteil des BGH v. 1.4.1953. In: GmbH-Rundschau 1953, S. 75 - 76.
Scholz, Franz	Die Rechte eines Minderheitsgesellschafters in der GmbH. In: GmbH-Rundschau 1955, S. 36 - 41.
Schuler, Hans	Die Kaduzierung von GmbH-Anteilen. In: GmbH-Rundschau 1961, S. 98 - 103.
Schuler, Hans	Einziehung von GmbH-Anteilen kraft Satzung. In: GmbH-Rundschau 1962, S. 114 - 117.
Seemann, Rudolf	Der Erwerb sämtlicher Geschäftsanteile durch die Gesellschaft mit beschränkter Haftung. Diss., Rostock 1930.
Seydel, Helmut	Ausschließung eines GmbH-Gesellschafters. In: GmbH-Rundschau 1953, S. 149 - 151.
Sievers	Verkauf eigener Aktien durch die Aktiengesellschaft. In: Das Recht 1906, S. 974 - 979.
Soergel, Hans Theodor	Kommentar zum Bürgerlichen Gesetzbuch. Band 1, Allgemeiner Teil (§§ 1 - 240). Begr. von Hs. Th. Soergel; neu herausgegeben von Wolfgang Siebert; bearbeitet von H.-J. Abraham u. a., 11. Auflage, Stuttgart, Berlin, Köln, Mainz 1978.
Soufleros, Ilias	Ausschließung und Abfindung eines GmbH-Gesellschafters. Rechtsfragen der Handelsgesellschaften, Heft 44, Köln 1983.
Spindler, Erwin	Die Verwertung des kaduzierten Geschäftsanteils. In: GmbH-Rundschau 1950, S. 177 - 180.

Spitze, Peter Alexander — Der Ausschluß eines GmbH-Gesellschafters aus wichtigem Grund bei Schweigen der Satzung.
Diss., Marburg 1984.
Schriften zum Wirtschaftsrecht, Band 51.

Staudinger, Julius von — Kommentar zum Bürgerlichen Gesetzbuch. Erstes Buch, Allgemeiner Teil (§§ 90 - 240).
Begr. von Julius v. Staudinger; bearbeitet von Hermann Dilcher u. a., 12. Auflage, Berlin 1980.

Stralendorff, Claus-Joachim v. — Das Ausscheiden eines Gesellschafters aus der GmbH.
Diss., Rostock 1933.
In: Kleine Schriften zum GmbH-Gesetz, Band I.

Sudhoff, Heinrich — Der Gesellschaftsvertrag der GmbH.
7. Auflage, München 1987.

Thiel, Rudolf — Die Einziehung eigener Geschäftsanteile.
In: GmbH-Rundschau 1961, S. 49 - 51.

Timm, Wolfram — Das neue GmbH-Recht in der Diskussion.
In: GmbH-Rundschau 1980, S. 286 - 295.

Ulmer, Peter — Kapitalersetzende Darlehen und eigene Geschäftsanteile.
In: Das neue GmbH-Recht in der Diskussion, Rechtsfragen der Handelsgesellschaften, Heft 40, Köln 1980, S. 55 - 76.

Unger, Fr. Wolfgang — Der Erwerb eigener Geschäftsanteile durch die GmbH.
Leipziger rechtswissenschaftliche Studien, Heft 10, 1925.

Utsch, Ewald — Die Kaduzierung von GmbH-Anteilen.
Diss., Köln 1939.

Vogel, Hermann — GmbH-Gesetz, Kommentar.
2. Auflage, Berlin, Frankfurt/Main 1956.

Vogel, Hermann — Die Ausschließung eines GmbH-Gesellschafters aus der GmbH (Stellungnahme zu BGHZ 9, 157).
In: Betriebs-Berater 1953, S. 460 - 461.

Vogel, Wolfgang — Die Kündigung der Gesellschaft mit beschränkter Haftung. In: Festschrift für Alexander Knur, S. 259 - 279. München 1972.

Vogel, Wolfgang — Zur Vererbung eines Geschäftsanteils. In: GmbH-Rundschau 1971, S. 132 - 137.

Wegener, U. — Eigene Geschäftsanteile der GmbH. In: GmbH-Rundschau 1952, S. 116 - 119.

Westermann, H.P. und Pöllath, Reinhard — Abberufung und Ausschließung von Gesellschaftern/Geschäftsführern in Personengesellschaften und GmbH. 3. Auflage, Köln 1986.

Wieczorek, Bernhard — Zivilprozeßordnung und Nebengesetze. Zweiter Band (§§ 253 - 510) c). 2. Auflage, Berlin, New York 1976.

Wiedemann, Herbert — Die Übertragung und Vererbung von Mitgliedschaftsrechten bei Handelsgesellschaften. München, Berlin 1965.

Winkler, Karl — Der Erwerb eigener Geschäftsanteile durch die GmbH. In: GmbH-Rundschau 1972, S. 73 - 82.

Wirtschaftsprüfer-Handbuch — Handbuch für Rechnungslegung, Prüfung und Beratung; bearbeitet von Dr. Budde u. a., Band II, 9. Auflage 1985/86. Düsseldorf 1986.

Wolany, Josef — Rechte und Pflichten des Gesellschafters einer GmbH. Rechtsfragen der Handelsgesellschaften, Heft 10, 1964.

Wolff, Anna-Elisabeth — Das Ausscheiden eines GmbH-Gesellschafters aus wichtigem Grunde. Diss., Hamburg 1962.

Würdinger, Hans — Gesellschaften. 2. Teil: Recht der Kapitalgesellschaften, Hamburg 1943.

Würdinger, Hans — Aktienrecht und das Recht der verbundenen Unternehmen. 4. Auflage, Heidelberg, Karlsruhe 1981.

Zöllner, Wolfgang Die Schranken mitgliedschaftlicher Stimmrechtsmacht bei den privatrechtlichen Personenverbänden.
München, Berlin 1963.

75.–

Ulrich Moser

Kapitalersetzende Gesellschafterdarlehen bei der GmbH
Zur Problematik der durch die GmbH-Novelle 1980 bezüglich der Behandlung von kapitalersetzenden Gesellschafterdarlehen eingeführten Vorschriften

Frankfurt/M., Bern, New York, Paris, 1989. XIII, 249 S.
Europäische Hochschulschriften: Reihe 2, Rechtswissenschaft. Bd. 848
ISBN 3-631-41976-7 br./lam. DM 67.--/sFr. 57.--

Mit der durch die GmbH-Novelle 1980 eingeführten gesetzlichen Regelung bezüglich der Behandlung kapitalersetzender Gesellschafterdarlehen ist eine Vielzahl von Fragen verbunden. Strittig sind insbesondere die Frage nach den durch die Tatbestandsvoraussetzung des (eigen-)kapitalersetzenden Charakters des Gesellschafterdarlehens erfaßten Gesellschafterdarlehensfinanzierungen, die Frage nach der Behandlung der seitens Gesellschaftern erfolgenden Nutzungsüberlassungen sowie die Frage nach der Eingrenzung der Tatbestandsvoraussetzung der Gesellschaftereigenschaft des Darlehensgebers. Die vorliegende Arbeit untersucht die in Schrifttum und Rechtsprechung vorgetragenen Ansätze, die zur Klärung dieser Fragen in Betracht kommen. Dabei kommt der Diskussion der zur Frage der Sonderbehandlung von Gesellschafterdarlehen vorgetragenen Auffassungen eine besondere Bedeutung zu. Darüber hinaus wird ein eigener Ansatz konzipiert und im Hinblick auf seinen Argumentationswert untersucht.

Aus dem Inhalt: Durch den Konkursgrund der Überschuldung vermittelter Gläubigerschutz – Einfluß einer Gesellschafterdarlehensfinanzierung auf die Vermögensposition der Gesellschaftsgläubiger – Zur Frage der Sonderbehandlung von Gesellschafterdarlehen vorgetragene Auffassungen – Diskussionsstand zu den Vorschriften bezüglich der Behandlung kapitalersetzender Gesellschafterdarlehen – Gläubigerschutzwirkungen der Vorschriften bezüglich der Behandlung kapitalersetzender Gesellschafterdarlehen

Verlag Peter Lang Frankfurt a.M. · Bern · New York · Paris
Auslieferung: Verlag Peter Lang AG, Jupiterstr. 15, CH-3000 Bern 15
Telefon (004131) 321122, Telex pela ch 912 651, Telefax (004131) 321131
- Preisänderungen vorbehalten -